美国
UNITED STATES

《中国公民出游宝典》编委会　编著

测绘出版社
SURVEYING AND MAPPING PRESS

《中国公民出游宝典》编委会

顾　　　问：刘振堂　刘一斌　杨伟国

编委会主任：高锡瑞

编委会成员（排名按姓氏笔画）：

万经章　王雁芬　卢永华　石　武　刘一斌

刘志杰　刘振堂　许昌财　江承宗　李玉成

吴克明　杨伟国　时延春　胡中乐　赵　强

高锡瑞　黄培昭　甄建国　潘正秀　穆　文

人文地理作者：江承宗　石武

资讯整理：王薇　鞠媛媛　樊文霞　郭爱萍
　　　　　张琳

策　　划：赵　强

责任编辑：赵　强

执行编辑：刘淑英

地图编辑：刘淑英

责任印制：陈　超

图片提供：刘武　俄广才（美）　吴伏生（美）
　　　　　石晓　郭瑞红（美）　杜鹃（美）　刘
　　　　　梦（美）　张泓（美）　米盖尔·卡迪
　　　　　纳斯（美）　约翰·托马斯·瓦尔德海
　　　　　姆（美）　克瑞斯·艾德伍兹（美）
　　　　　刘天慧　杨晓明　王坚　黄琼　Shu Kong
　　　　　Lee（美）　左图右景　微图网　达志
　　　　　影像
　　　　　感谢相关旅友的支持！

总序

当今的中国已成为世界上顶级旅游大国之一，迄今我国已批准了140多个国家和地区为中国公民自费出境旅游的目的地，出境旅游的人数急剧上升，2012年全年已超过8300万人次。这就意味着我国的境外游已达到"升级换代"的阶段。至少对那部分有更高要求的游客，必须有新的旅游产品来满足他们新的需求。

中国地图出版集团旗下，测绘出版社文化生活出版分社组织编写的《中国公民出游宝典》丛书生逢其时，丛书由"人文地理"、"旅游资讯"和"地图导览"三部分组成，具有权威、代表、专业和针对性四大特点。这恰恰是面向中高档次的出境游客的一套货真价实的高端旅游丛书。

一、权威性。参与撰写"人文地理"的作者为我国前驻外使节及其他资深外交官。他们长期从事外事工作，不但熟悉驻在国（地）的地理环境、自然风貌，而且深谙当地的文化习俗、风土人情、历史沿革和特质长项。这些作者多为外交笔会成员，有写旅游丛书的经验，行文严谨、准确、细腻，耐人寻味咀嚼。所以，本丛书提的口号"大使指路，游客追捧，跟着外交官去旅游"是恰如其分的。

二、代表性。在世界200多个国家和地区中，精选出十几个国家和地区，其前提是旅游资源十分丰厚。我国开放出国旅游以来，中国游客青睐、向往之地，在人文、地理、自然、物产和良风益俗诸多方面具有独到之处，在地区或世界上颇有知名度，适宜较高品味的旅游享受。

三、专业性。由权威的旅游专家提供合理的旅游实用资讯，丛书配有执笔者与相关驻华旅游局提供的旅游目的地最新照片，进而图文并茂，游客可未到先知，扩大了选择的余地。抵达后"按图索骥"，更会加深美好的印象。特别值得一提的是，测绘出版社作为本丛书的策划者还提供了详实的旅游地图，方便游客的出行。

四、针对性。在我国经济与社会发展到当今的水平，中高档的出国旅游者，远不满足于浮光掠影、走马观花式的普通游览，提高知识性、趣味性、舒适性成为中高档游客的普遍诉求。故本丛书刻意着墨于"景点背后的故事"，以作者的感悟归纳与凝练，尽量做到简洁明快，易记好懂，令旅行者阅后犹如观实景，穿越时空的隧道，尽享上品的快意与雅趣。

旅游是一部永远读不完的百科全书。洞悉目的地国或地区的方方面面，本身就是对别人的一种尊重与欣赏。而当地人自然也会通过我们这些来自中国的游客，哪怕只是一颦一笑、举手投足，都可窥见中国人及其国家的品位、风貌和素养。坦言之，出版这套丛书有着双重初衷，既为中高档游客提供更多便利，也为我国游客在国门之外的言行举止称得上"中高档次"而提供帮助。让旅游目的地国在分享"旅游红利"的同时，也通过我们的游客分享我国的成长、进步与文明的果实。

刘振堂*

2013.6

---

*中国资深外交官，中东问题专家，前驻伊朗、黎巴嫩大使。

序一

　　1986—1992年，我奉派至我国驻美国大使馆工作，任参赞，主管大使馆的国会工作组的工作。在美国工作的六年中，使我有机会更多地了解美国。我愿把比较全面的美国情况介绍给大家。

　　美国是世界上最发达的资本主义国家，20世纪90年代苏联解体后，成为世界上唯一的超级大国。其经济实力、军事实力、基础设施建设水平、科技水平、教育水平、体育水平、新闻媒体影响力、电影文娱的创造性、旅游休闲产业、医疗卫生、社会保险等各个方面都居世界首位或前列，这是由多方面因素所决定的。

　　美国人崇信市场经济，办事认真、遵守规章制度，另外他们善于独立思考、追求创新，甚至不惜冒险。

　　美国虽有发达的资本主义制度，取得了举世瞩目的成就，但其制度有着根本性的缺陷，自2008年美国发生金融危机以来不断出现了各种现象，如最近再次发生因政党纷争不顾国家利益，引发部分政府部门关门的事件就是一个很好的说明。另外，美国认为自己的一切都是世界第一、最好的，要按美国的那一套办事，不了解、不太尊重别国的发展阶段和不同国情。

　　在当前的国际大格局中，中美是最重要的双边关系，双方正在作出努力，建立起新型的大国关系。让我们期待美国冷静地正视自己在世界上所居的地位，为和平和谐、共同发展这一世界共同需求作出更多的贡献。

　　美国由于其优越的自然地理位置，以及发达的经济和完备的基础设施建设而颇受游客青睐，到美国旅游不仅可以享受自然风光的绚烂多彩，还可以享受周到细致的人性化服务。

广袤的美国大地，终年蓝天白云，繁花似锦，特别是神奇的黄石国家公园、大峡谷、尼亚加拉瀑布更是大自然的鬼斧神工之作，还有更多的驰名世界的自然、人文景观，都会让游人流连忘返。我借此书把美国介绍给游者，希望您们早日踏上美国旅游的路程，早日去探究美国这片神奇的土地。

江承宗

2013.12

序二

　　美国是一个美丽的国家，令人心驰神往。美国之旅是一个可以带给您美妙体验的过程，但要真正欣赏到美国之美，除了要精心安排出游的时间和线路，还要事先做些功课，更重要的是要尽可能地用本地化的视角来欣赏这里的一切。

　　美国拥有自然之美，如沙漠、大瀑布、大峡谷等等。这些都是经过了过度开发后（采矿和西部黄金潮时期），使人们反思了人与环境关系之后才保留下来的。在欣赏美国自然美的同时，游人可以重温人类对自然的认识历程，感受人类对自然的尊重，体会人类与自然的和谐。

　　美国是一个尊重历史文化的国家。美国虽然是个年轻的国家，但是美国的历史文化却得到了很好的保护和尊重，即使是一个少数种群的历史传承，比如非洲裔的历史遗迹、墨西哥人的习惯、早期中国人的贡献、费城和波士顿的历史建筑等都被保留传承了下来。

　　美国适合多种旅游方式。随着中美交往的日益深入，赴美旅游的人数在增加，旅游项目呈多样化，旅游的内容也发生了很大变化，已经从大城市和集中购物这样简单的内容向更多的主题和更深入的区域发展，如自由行、自驾游、徒步游以及自然之旅、摄影家之旅、教育体验之旅等。

　　除了美国之美，我们还要注意美国的另一面。如果说美国是一支美丽的玫瑰，那它并不是永远绽放不败的鲜花。到美国的许多游人会看到，美国的很多东西都比我们的便宜，如超市的食品、汽油、名牌服装、化妆品，甚至汽车和房子。这就是利用美元本位的货币优势对世界资源的一种不公平交易，我们要学会对此现象进行分析。

在美国旅游不但是一个欣赏自然的过程，更是一个与他们沟通、学习的好机会。美国人经常自嘲：美国人的外语是最差的，因为他们不注重他们所讲语言以外的语言。美国许多主流电视新闻基本是美国新闻，似乎美国就是世界。对此我们可以平等相处，求同存异。在旅游过程中，我们要学会用平和的心态，真诚地和本地人们沟通，这样才能通过短暂的美国之旅，欣赏一个完整的美国并对美国有更多的了解。

石武

2013.12

华盛顿纪念碑

目 录
CONTENTS

西部景点　134

北部景点 236

南部景点　　　　　　　　　　268

温馨提示

为方便您的出游，本书配有若干幅地图，地图页码详见如下：

拱门国家公园

PART 1

人文地理

美国政区 U.S. Administrative Divisions

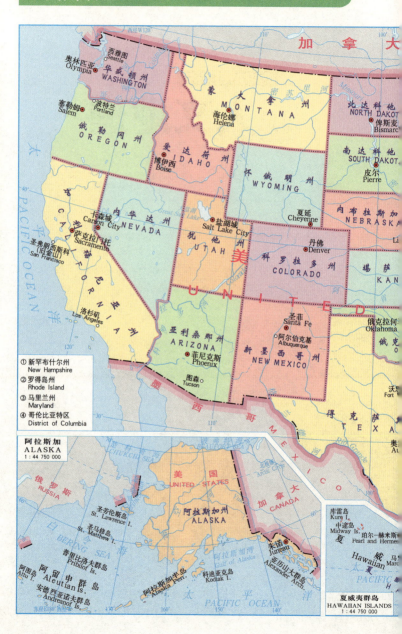

① 新罕布什尔州
  New Hampshire
② 罗得岛州
  Rhode Island
③ 马里兰州
  Maryland
④ 哥伦比亚特区
  District of Columbia

阿拉斯加
ALASKA
1:44 750 000

夏威夷群岛
HAWAIIAN ISLANDS
1:44 750 000

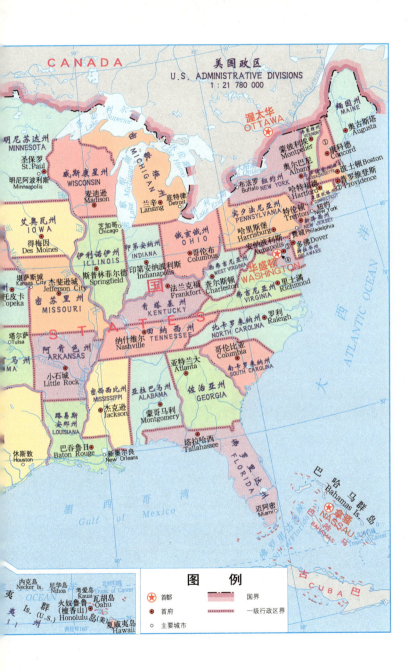

美国政区
U.S. ADMINISTRATIVE DIVISIONS
1 : 21 780 000

CANADA

明尼苏达州
MINNESOTA
圣保罗
St.Paul
明尼阿波利斯
Minneapolis

威斯康星州
WISCONSIN
麦迪逊
Madison

艾奥瓦州
IOWA
得梅因
Des Moines

堪萨斯城
Kansas City
杰斐逊城
Jefferson City
密苏里州
MISSOURI

托皮卡
Topeka

塔尔萨
Tulsa

阿肯色州
ARKANSAS
小石城
Little Rock

密西西比州
MISSISSIPPI
杰克逊
Jackson

路易斯安那州
LOUISIANA
巴吞鲁日
Baton Rouge
新奥尔良
New Orleans

休斯敦
Houston

密执安州
MICHIGAN
兰辛
Lansing
底特律
Detroit

芝加哥
Chicago
伊利诺伊州
ILLINOIS
斯普林菲尔德
Springfield

印第安纳州
INDIANA
印第安纳波利斯
Indianapolis

俄亥俄州
OHIO
哥伦布
Columbus

肯塔基州
KENTUCKY
法兰克福
Frankfort

纳什维尔
Nashville
田纳西州
TENNESSEE

亚特兰大
Atlanta

亚拉巴马州
ALABAMA
蒙哥马利
Montgomery

佐治亚州
GEORGIA

塔拉哈西
Tallahassee

佛罗里达州
FLORIDA
迈阿密
Miami

渥太华
OTTAWA

缅因州
MAINE
奥古斯塔
Augusta

佛蒙特州
VERMONT
蒙彼利埃
Montpelier

康科德
Concord

奥尔巴尼
Albany

哈特福德
Hartford
波士顿 Boston

纽约州 NEW YORK
布法罗
Buffalo
纽约
New York

普罗维登斯
Providence

宾夕法尼亚州
PENNSYLVANIA
特伦顿
Trenton
哈里斯堡
Harrisburg
费城 Philadelphia

安纳波利斯
Annapolis
多佛 Dover

西弗吉尼亚州
WEST VIRGINIA
查尔斯顿
Charleston

华盛顿
WASHINGTON

弗吉尼亚州
VIRGINIA
里士满
Richmond

北卡罗来纳州
NORTH CAROLINA
罗利
Raleigh

哥伦比亚
Columbia
南卡罗来纳州
SOUTH CAROLINA

ATLANTIC OCEAN
大 西 洋

巴哈马群岛
Bahamas Is.
拿骚
NASSAU
BAHAMAS

古巴 CUBA

墨 西 哥 湾
Gulf of Mexico

OCEAN
内克岛
Necker Is.
尼华岛
Nihoa
考爱岛
Kauai
火奴鲁鲁(檀香山)
Honolulu
瓦胡岛
Oahu
夏威夷群岛
Hawaii
Is. (U.S.)
北回归线 Tropic of Cancer
西经W160°

图 例

☆ 首都
◉ 首府
○ 主要城市

国界
一级行政区界

003

人文地理

美国主要风景名胜
U.S. MAIN PLACES OF INTEREST
1 : 21 780 000

到美国去旅游

基本概况

1. 国名

国名的全称是：美利坚合众国（the United States of America）。

这个名称于1776年6月6日第一次出现在弗吉尼亚州，威廉姆斯伯格的《弗吉尼亚报》上，后由托马斯·杰斐逊将这个短语的每个字母改为大写，并写入了《独立宣言》中。现美国国名的缩写为：US或 the USA。

2. 国旗

国旗

国旗为长方形，俗称星条旗。左上方为蓝色星区，50颗星代表美国的五十个州。星外区是13条红白相间的条纹，象征美国建国前本土上的13块殖民地。每年6月14日是"美国国旗制定纪念日"。

3. 国徽

国徽

国徽为美国官方大纹章。主要形象是象征美国的白头雕，左右鹰爪分别抓着橄榄枝（象征和平）和箭（象征武力），口衔的绶带上写的是拉丁文，E pluribus unum(合众为一)。

4. 国歌

国歌为《星条旗》。1814年由弗朗西斯·斯科特·基作词，约翰·斯塔福·史密斯作曲。1931年被美国国会定为国歌。其中最后的歌词是：

我们的信念是"信赖上帝"，此词永不忘，
星条旗将在凯旋中高高飘扬，
于自由人的土地和勇敢者的故乡。

5. 国鸟

白头雕。

6. 国花

人与白头雕
国花

玫瑰。1985年国会通过议案，1986年11月20日时任美国总统的罗纳德·里根宣布玫瑰为美国的国花。

7. 首都

华盛顿（哥伦比亚特区）

8. 政体

美国实行"宪政联邦共和制"，现任总统贝拉克·奥巴马，副总统乔·拜登。

9. 人口

截止到2013年的统计，总人口316000000，人口密度为34.2人/平方千米。

10. 面积

美国本土的面积约为938万平方千米。

11. 行政区划（见表）

州名 （中文）	州名 （英文）	州名 缩写	首府名 （中文）	首府名 （英文）	各州在美 国的位置
亚拉巴马	Alabama	AL	蒙哥马利	Montgomery	南部
阿拉斯加	Alaska	AK	朱诺	Juneau	西北部
亚利桑那	Arizona	AZ	菲尼克斯	Phoenix	南部
阿肯色	Arkansas	AR	小石城	Little Rock	中部
加利福尼亚	California	CA	萨克拉门托	Sacramento	西部
科罗拉多	Colorado	CO	丹佛	Denver	中部
康涅狄格	Connecticut	CT	哈特福德	Hartford	东部
华盛顿哥伦 比亚特区	D.C. Washington				东部
特拉华	Delaware	DE	多佛	Dover	东部
佛罗里达	Florida	FL	塔拉哈西	Tallahassee	南部
佐治亚	Georgia	GA	亚特兰大	Atlanta	南部
夏威夷	Hawaii	HI	火奴鲁鲁（檀 香山）	Honolulu	太平洋
爱达荷	Idaho	ID	博伊西	Boise	西部
伊利诺伊	Illinois	IL	斯普林菲尔德	Springfield	北部
印第安纳	Indiana	IN	印第安纳波 利斯	Indianapolis	北部
艾奥瓦	Iowa	IA	得梅因	Des Moines	中部
堪萨斯	Kansas	KS	托皮卡	Topeka	中部
肯塔基	Kentucky	KY	法兰克福	Frankfort	中部
路易斯安那	Louisiana	LA	巴吞鲁日	Baton Rouge	南部
缅因	Maine	ME	奥古斯塔	Augusta	东部
马里兰	Maryland	MD	安纳波利斯	Annapolis	东部
马萨诸塞	Massachusetts	MA	波士顿	Boston	东部
密歇根	Michigan	MI	兰辛	Lansing	北部
明尼苏达	Minnesota	MN	圣保罗	St.Paul	北部
密西西比	Mississippi	MS	杰克逊	Jackson	南部
密苏里	Missouri	MO	杰斐逊城	Jefferson City	中部
蒙大拿	Montana	MT	海伦娜	Helena	西部

州名 （中文）	州名 （英文）	州名 缩写	首府名 （中文）	首府名 （英文）	各州在美 国的位置
内布拉斯加	Nebraska	NE	林肯	Lincoln	中部
内华达	Nevada	NV	卡森城	Carson City	西部
新罕布什尔	New Hampshire	NH	康科德	Concord	东部
新泽西	New Jersey	NJ	特伦顿	Trenton	东部
新墨西哥	New Mexico	NM	圣菲	Santa Fe	南部
纽约	New York	NY	奥尔巴尼	Albany	东部
北卡罗来纳	North Carolina	NC	罗利	Raleigh	东部
北达科他	North Dakota	ND	俾斯麦	Bismarck	北部
俄亥俄	Ohio	OH	哥伦布	Columbus	东部
俄克拉何马	Oklahoma	OK	俄克拉何马城	Oklahoma City	南部
俄勒冈	Oregon	OR	塞勒姆	Salem	西部
宾夕法尼亚	Pennsylvania	PA	哈里斯堡	Harrisburg	东部
罗得岛	Rhode Island	RL	普罗维登斯	Providence	东部
南卡罗来纳	South Carolina	SC	哥伦比亚	Columbia	东部
南达科他	South Dakota	SD	皮尔	Pierre	北部
田纳西	Tennessee	TN	纳什维尔	Nashville	东部
得克萨斯	Texas	TX	奥斯汀	Austin	南部
犹他	Utah	UT	盐湖城	Salt Lake City	西部
佛蒙特	Vermont	VT	蒙彼利埃	Montpelier	东部
弗吉尼亚	Virginia	VA	里士满	Richmond	东部
华盛顿	Washington	WA	奥林匹亚	Olympia	西部
西弗吉尼亚	West Virginia	WV	查尔斯顿	Charleston	东部
威斯康星	Wisconsin	WI	麦迪逊	Madison	北部
怀俄明	Wyoming	WY	夏延	Cheyenne	西部

12. 语言

英语是美国事实上的官方语言，但并不是美国联邦政府法律规定的官方语言。在美国不同的州，西班牙语、法语和夏威夷语都有广泛的应用。

13. 货币

货币为美元，标记为：$，编码为：USD，缩写为：US$。一美元等于一百美分。美元是国际结算最重要的货币，也是世界最重要的储备货币。

人文与历史

1. 宗教

美国是一个宗教自由的国家，在美国可以看到几乎世界上所有的宗教，是一个多宗教的国家。由于历史的原因，基督教仍是最主要的宗教，2007年的调查统计中有78.4%的成年人为基督教徒。

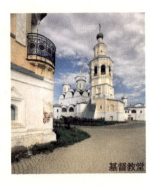
基督教堂

2. 历史

按照时间顺序通常将美国历史分为八个时期。

（1）早期孤立于世外的美洲

在距今25000年前，在西伯利亚的最东面出现了一群蒙古人，他们抛弃了水源枯竭的家园，经过了5000千米漫长行程的艰苦跋涉，到达了美国大陆本土的最西端——阿拉斯加。美洲的蒙古族移民始祖，就是被哥伦布误称为印第安人的那个非凡民族的祖先。美洲印第安人的祖先全部都是经由西伯利亚到达美洲。

哥伦布"新大陆"的发现使土著的美洲不再孤立，用历史学家的话来描述："新大陆"的发现使"美洲的孤立也连同它的童贞一起丧失了"。

（2）欧洲移民定居时期

1493年8月3日克里斯托弗·哥伦布启程，开始了"新大陆"的发现之旅。1513年一个西班牙探险者第一次踏上了美国本土——佛罗里达。佛罗里达的名称来自西班牙语，词意是"百花盛开"。从此开启了欧洲移民定居美国的历史。

佛罗里达在美国的位置

西班牙人在佛罗里达建立定居点，并向美国内陆延伸。法国的殖民者试图占领美国东部沿海，并成功地沿密西西比河建立了定居点。

1602年荷兰资本家组织了尼德兰东印度公司，他们在新英格兰和弗吉尼亚之间建立了他们的殖民地——新尼德兰（后来的纽约），1626年在曼哈顿岛南端的阿姆斯特丹堡建立贸易殖民地，1623年纳索在新泽西建立贸易殖民地。荷兰人所到之处带来了他们的建筑技术、整洁习惯和经商方法。

这时的英国是伊丽莎白和莎士比亚的时代，强大的海上商船队和海外贸易的强势，使英国人产生一种热切的愿望，要建立一个新的英格兰，一个新的社会。1607年英国在美国建立第一个"殖民地省"——弗吉尼亚，这是最英国化的英属殖民地。1732年英国又建立了殖民地佐治亚，使英国在美国的殖民地达到了13个州：德拉华州、宾夕法尼亚州、新泽西州、佐治亚州、康涅狄格州、马萨诸塞州、马里兰州、南卡罗来纳州、新罕布什尔州、弗吉尼亚州、纽约、北卡罗来纳州和罗德岛州。各殖民地的移民多为欧洲的农民，也有冒险者和投机者，他们是为宗教的自由或为改善生存状态来到了新大陆。

1776年1月，托马斯·潘恩的小册子《常识》出版了，这本书对于美国革命的影响，可与美国女作家斯托夫人的《汤姆叔叔的小屋》对南北战争的影响相比拟。潘恩用通俗的形式，表述了将要体现在《独立宣言》中的那种天赋权利哲学。他用直白的语言，但令人信服地摆明了两条可供美国人民选择的道路：或是对一位暴虐的国王、一个腐败的政府和一种邪恶的经济制度继续屈从；或者是作为一个自给自足的共和国公民，得享和平与幸福。不到一个月的时间这本小册子就几乎被所有的白种美利坚人阅读。它激励了那些犹豫不决的人，实际成为招聚激进派的号角。正像约翰·亚当斯写道："独立像一股洪流，每天从四面八方向我们滔滔涌来。"这个滔滔的思想洪流通过与殖民主义者的战争，缔造了独立的美利坚合众国。

（3）独立战争和领土扩张时期

1774年9月5日第一次大陆会议在费城举行，共有55人参加，其中有弗吉尼亚的乔治·华盛顿。

1775年4月18日英军的一队轻步兵进入了马萨诸塞的列克星敦村，在清晨的薄雾中遇到当地的民兵，两边交火对射，留下了八具尸体。这就是"列克星敦的枪声"，拉开了美国独立战争的序幕。

1775年5月10日"列克星敦的枪声"和英军暴行传到了正在召开第二次大陆会议的费城，大陆会议任命乔治·华盛顿为"联合殖民地"武装力量总司令，6月23日乔治·华盛顿离开费城去接管军队。与此同时，大会指定由托马斯·杰斐逊、约翰·亚当斯、本杰明·富兰克林等人组成一个委员会，起草一份正式的宣言。这就是由托马斯·杰斐逊执笔的《独立宣言》。1776年7月4日《独立宣言》被通过了。

《独立宣言》宣告了一个新的国家——美利坚合众国的诞生。7月4日成为美国的独立纪念日（国庆节）。

美法联军在约克敦击败英军后，英国于1783年签订了和平条约，承认美国在密西西比河以东的领土主权。1787年美国召开了"宪法大会"，并于次年批准了美

独立宣言

国宪法。1789年第一位美国总统乔治·华盛顿就职。

非洲的奴隶交易在北美由来已久，早在18世纪初非洲奴隶已经成为北美殖民地许多地区的主要劳动力。美国独立后各州对使用非洲奴隶的态度发生了变化，从1780年到1804年全部的北方州都废除了奴隶制度。而在南方以大规模棉花种植为主的

州仍然奴隶制盛行。这种差异最终酿成了在美国本土最惨烈的战争——南北战争。

（4）南北战争和国家重建

美国的国家缔造者是将国家的各州作为统一的联邦政府的组成部分，而1780年以后，北方和南方由于对奴隶制的不同态度，而划分成了两个社会，并最终导致了美国的内战。在自由州和拥奴州的碰撞中，也引起了联邦政府和州政府合法性的冲突。

1860年亚伯拉罕·林肯当选美国联邦政府总统，而在他就任之前，七个拥有奴隶的州从联邦政府分离，于1861年2月4日成立了"美利坚联众国"（南部邦联）。林肯在1861年3月4日就职，并为避免内战作出了一切的努力。

1861年4月12日南军攻打南卡罗来纳州的苏米特尔要塞，开始了美国的内战。也是美国历史上最惨痛的战争，共有75万士兵战死疆场。1863年6月在宾夕法尼亚州的葛底斯堡会战，是这场战争中伤亡最惨重的战役。四个半月后林肯总统在葛底斯堡国家烈士公墓落成典礼上，发表了他那篇不朽的葛底斯堡演说。

（5）工业化进程

美国工业化进程的标记是北方的城镇化和欧洲移民的大量涌入。这股移民潮一直持续到1924年，但是以欧洲人为中心，而非对亚洲人。1882年美国通过了《排华法》，规定了华人10年内不可以入境，不可以取得美国公民身份，是美国历史上唯一一部用联邦政府的名义和法律的形式，"合法"地排斥少数种群的法律，在这个法案中我们已经看不到任何"人人生而平等"的建国理念。《排华法》一直持续到1943年，至今我们在美国还可以看到《排华法》留下的痕迹。

美国南北战争后基础设施的建设刺激了经济的成长，西部的黄金潮引来大量移民。1861年第一跨州电报公司成立，1869

年跨美国东西的洲际铁路运行，大西洋和太平洋在美国内陆连接了。1867年美国从俄罗斯购买了阿拉斯加，完成了美国版图在北美大陆的扩张。1893年在夏威夷的美国居民用政变推翻当地的王朝，使夏威夷在1898年成为美国的附属国。同年对西班牙战争的胜利使美国成为了一个世界级的大国。

这个时期被马克·吐温称作"镀金时代"。是美国经济迅猛发展的时期，1860年到1900年美国的制造业产值由19亿美元增加到114亿美元，煤产量由1,000万吨增加到2.12亿吨，钢产量由100万吨增加到1100万吨。1871年到1913年美国的GDP增加了5.26倍，超过了英国，经济总量和人均产值都成为世界第一的国家。

这个时期也是美国财富向少数人、家族和利益集团集中的时期，出现了埃克森美孚、摩根大通、花旗银行、雷曼兄弟、通用电气、福特汽车这样资本密集、产业垄断的集团，也成为了后来美国"反托拉斯"法的因由。

（6）第一次世界大战和大萧条

1914年欧洲爆发第一次世界大战时美国是中立国，并且一直保持到1917年。1917年美国加入协约国并取得战争的胜利。作为战胜国美国并没有成为重新划分势力范围的《凡尔赛条约》的成员，而是采取"光荣孤立"的政策，游离于复杂的欧洲关系和利益冲突之外。

第一次世界大战后，20世纪20年代的美国经济异常活跃，财富在增长，信贷在扩大，似乎是看到了"彻底消灭贫困的曙光"。"伟大的盖茨比"似乎成为美国人未来生活的标准版本。然而1929年9月4日美国纽约华尔街的股市崩盘，引发了世界范围的，并持续4年之久的"大萧条"。

在美国的大萧条时期，民主党代表富兰克林·罗斯福，在1932年赢得总统大选，他的竞选口号是当时的流行歌曲名"好日子在这里会重现"。罗斯福总统于1933年3月4日就职，领导了美国20世纪30年代的"新政"。罗斯福总统的新政是使用政府的调节手段，为失业者提供就业机会，恢复增长和加强金融监管。可以用三个R来代表，第一个R是Relief(解除)，即解除贫困，用国家基础设施项目由政府协调给失业者工作，和给农民补贴；第二个R是Recover（恢复），是使用政府的措施恢复经济的成长；第三个R是Reform(改革)，即改革金融体系，加强对金融，特别是股票市场的监管，避免危机的发生。

（7）第二次世界大战及影响

卢沟桥

1937年7月7日日本关东军在北京的卢沟桥向中国军队开火，并全面进攻中国，由此八年的抗日战争全面爆发。1939年9月1日纳粹德国侵入波兰，世界大战欧洲战场爆发了。战争初期美国并没有参战，只是通过"租借法"向同盟国的成员英国、法国、苏联和中国提供战争装备。美国一面在执行"租借法"，另一面却和日本、德国进行贸易往来，向他们出售钢铁，赚取利润。中国人民在极其困难的情况下，牵制了日军大部分军力，为反法西斯战争作出了重要贡献。1941年12月7日，日本在没有对美国宣战的情况下，其海军的353架战机从六艘航母起飞，轰炸了美国在珍珠港的海军舰队和基地。美国四艘军舰被炸沉，188架作战飞机被炸毁，2402人牺牲。美国人被震惊了，12月8日美国正式宣战，在太平洋和欧洲两个战场加入这场世界大战。美国的参战改变了同盟国和轴心国的力量对比。

在欧洲战场美军和盟军于1945年4月25日与苏联红军在易北河汇合，30日攻占了柏林的"总理府"。1945年8月美军在日本的广岛和长崎分别投下了一枚原子弹。1945年8月8日苏联对日宣战，在苏军和中国人民武装力量的攻势下，消灭了东北的日军。1945年8月15日日本投降，9月2日在美国军舰"密苏里"号上签订投降书，第二次世界大战结束。

对这场人类史上最大规模的战争，美国和世界人民付出了惨痛的代价，但这场战争给美国带来了什么？

在战争期间的《雅尔塔协定》和战后的《波茨坦公告》，划分了战后的势力范围，使美国成为北大西洋公约组织(NATO)的领袖，与以苏联为首的华沙条约组织(WARSAW PACT)成为两大军事集团，并且是从二战结束到苏联解体之间冷战的两大阵营。

1945年10月24日联合国成立，总部设在美国纽约，1948年通过了《人权宣言》，美、苏、中、英、法国成为安理会的常任理事国。当时的中国席位由国民党的"中华民国"占有。

联合国大厦

1948年到1951年的"马歇尔计划"（欧洲复兴计划），由当时美国国务卿的名字命名，是美国"援助"战后欧洲的一揽子方案，总计提供130亿美元的经济和技术援助。首先是为了防止以苏联为首的"共产主义"西扩，更是按照美国的"民主"和意识形态重建欧洲，同时也为日后的"欧洲一体化"打下了基础。

二战结束前，1944年7月在美国举办了由44个国家代表参加的布雷顿森林会议，就战后的国际贸易、投资、金融和汇率达成一系列的决议。决定成立"国际复兴和开发银行"，即世界银行(WB)、国际货币基金组织(IMF)、关税和贸易总协定(GATT)，后来的世界贸易组织(WTO)。建立固定的汇率机制：黄金和美元挂钩（35美元兑换一盎司黄金），美元和其他货币挂钩，美元成为国际清算手段。罗斯福总统在会议的开幕词中说，今后每个国家的经济健康都与世界其他成员相关，无论是远亲还是近邻。虽然随着美元的贬值固定汇率瓦解了，但是布雷顿森林会议的协议确定了美元作为世界贸易和投资的清算手段，确定了"美元帝国"的位置，确定了制定国际贸易和金融规则的话语权。至今世界银行的行长还都是由美国人担任。

第二次世界大战在美国本土没有战火，而使美国的战争机器全负荷运转了，多项军事技术和思维在战场受到考验和甄别。如：战略轰炸机和喷气式战斗机，反潜武器，军事后勤支持系统（物流）等。"曼哈顿项目"使美国在世界上第一个拥有了核武器，密码的破译和"军事智能化"，开始了计算机的开发和应用。这些都成为战后两个超级大国在冷战时期对抗和军备竞赛的焦点。

（8）后二战时期

第二次世界大战留给世界的格局：美国和苏联，两个超级大国以及以他们为首的两大阵营。用温斯顿·丘吉尔的语言形容，是"铁幕"被拉下了，两个超级大国的"冷战"开始了。

1950年朝鲜战争爆发，联合国在美国的操纵下，通过决议，并以联合国的名义大举介入，中国派"中国人民志愿军"入朝进行"抗美援朝"，战争一直延续到1953年，朝中与美韩双方签订停战协议。

板门店谈判

在美国国内，"麦卡锡"成为反共的代名词。美国和苏联海军在古巴面临"核武器危机"。从1961年开始直到1975年，美国深陷旷日持久的越南战争的泥潭。1979年伊朗的穆斯林革命发生了美国的人质危机。1961年苏联成功发射人造卫星，完成了载人航天项目，大大刺激了美国人"外空竞赛"的神经，约翰·肯尼迪总统发誓要将第一个地球人送上月球。阿姆斯特朗为肯尼迪总统圆了这个梦，1969年他踏上了月球，完成了地球人跨上月球的"一小步"。同时美苏的军备竞赛也被带入了外层空间。然而随着1989年柏林墙被推倒，和1991年12月25日戈尔巴乔夫的辞职，苏联解体，冷战相持的两大阵营的一方消失了，美国成了唯一的超级大国，世界的平衡再次被打破了。

2001年9月11日美国纽约的世界贸易中心遭到恐怖袭击，钢结构的世贸双子座轰然倒塌，这个画面震惊了全世界。与此同时，位于美国首都华盛顿的五角大楼也遭到了恐怖袭击。在这次恐怖袭击中有约3000人死亡。反恐成为美国行政当局保护美国安全的当务之急和国家政策，反恐之战随之在全球展开。

2001年美国军队入侵阿富汗，推翻了塔利班政府。2003年美国发动第二次海湾战争，推翻了伊拉克政府，然而根本没有发现任何伊拉克政府与恐怖组织的联系和大规模杀伤武器的踪迹。2011年美国海豹突击队单方面在巴基斯坦行动中，击毙了恐怖组织领导人。但反恐战争让美国更安全了吗？用武力和战争能否使其他的民族和国家接受美国式的"民主"和"自由"呢？这些只能等历史来回答。

（9）中美关系

新中国成立后，中美两国长期处于隔绝状态。1972年2月美国总统尼克松访华，作"破冰之旅"，打开了中美关系的大门，双方互设联络处。1979年中美正式建交，双方互设大使馆，两国间开始了正常的交往，正在构筑新兴的大国关系。

尼克松访华

3. 经济

美国是世界上最大的经济体，按照国际货币基金组织的统计，2012年美国GDP的总值为156850亿美元（人均GDP49922美元／人），占全世界总量的22%。美元是世界贸易和投资的主要清算货币，也是世界最重要的储备货币。美国是世界最大的进口国，也是贸易赤字最高的国家。

美国的产业结构按传统的分类可分为第一产业：农业、林业、畜牧业和渔业。

美国农业

美国林业

美国畜牧业

美国的第一产业虽然在GDP中不到1%，就业人数不足2%，但很重要，这个产业对美国的生态环境、生物物种的多样性、食品安全都十分重要。

第二产业：制造业、建筑、公共设施和采矿业。美国的第二产业是技术和资本密集的产业。美国是世界最大的能源生产国，石油、电力都是美国传统的优势产业。

第三产业(服务业)：零售、运输和仓储、通讯、金融和保险、医疗、信息和咨询服务、娱乐业和政府事务。第三产业的产值超过了GDP的65%。

美国有世界上最发达的第三产业。拥有最大的股票市场——纽约股票交易所，在世界大宗谷物市场有定价权的芝加哥谷物远期市场，也有高科技和新兴企业"加速器"的纳斯达克股票市场。沃尔玛和联邦快递是零售和物流行业的"巨无霸"。微软、谷歌、苹果是在资本市场创造奇迹的技术精英企业。好莱坞是名副其实的世界娱乐业中心，用其完整和职业的产业集群来支撑世界娱乐业的创作和制作，同时也是美国西部的旅游重地。

4. 教育

美国是世界上教育体系最完善和水平最高的国家之一。联合国评选的美国教育指数为0.97，在全世界排名第12位。美国的教育规则由教育部(DOE)制定，公立学校的管理由州或州以下的地方政府实施。美国有4495所学院和大学组成高等教育体系，实施学士、硕士和博士的学位教育。

2009年美国25岁以上年龄组接受教育的统计数字为：

高中毕业	86.68%
社区大学或本科学历	38.54%
学士学位	29.0%
硕士学位	7.62%

博士学位   2.94%

小学和中学教育

美国佩蒂中学

美国的小学生在上课

美国中学生

在美国，少年儿童接受教育是强制的，所有的孩子都必须接受教育。由于各州的立法不同，小学和中学的入学和毕业年龄也不同。从5岁到18岁，基础教育分为12个年级(K12)，这个阶段可以选择免费的公立学校（政府使用税收拨款），或私人出资的私立学校。

美国大学以公立大学为主体，如加州大学(UC)和分布在州内的10所分校。公立学校的学生比例为75%，全美共有14000个校区，政府每年支出5000亿美元。最大的公立学校系统是在纽约市，超过100万的学生在1200个校区接受教育，所以纽约的公立学校系统，对全美公立学校的标准和教材的选择都有重大的影响。

私立学校有教会学校，也有非盈利的独立机构和以盈利为目的的学校、贵族学校和大学，如宋庆龄、宋美龄曾就读的威斯理女子学校；顶级的"常春藤联盟"大学；如布朗（成立于1764年）、哥伦比亚（成立于1754年）、康奈尔（成立于1865年）、达特茅斯（成立于1769年）、哈佛（成立于1636年）、宾

人文地理

夕法尼亚（成立于1740年）、普林斯顿（成立于1746年）和耶鲁大学（成立于1701年）。

美国大学的录取，既要看学生的考试成绩（SAT或ACT），更要考察学生中学期间的平时成绩（GPA），还要通过学生的论文和面试，考察学生的学习动力和目标。

硕士研究生以上的学位项目，一般要考GRE，管理学要考GMAT，医学院要考MCAT，法学院要考LSAT。

美国学生在选择大学时，考虑的主要因素是学习的兴趣、学习的目标、专业的特点、发展的前景、校园和社区的人文环境、学校的特色体育项目和设施，就学的成本等。

虽然《美国新闻和世界报导》每年都公布全美大学的排名，但对学生的择校只是作为一个参考。近年来在美国的就业市场出现高学历化的倾向，对美国的高等教育也有"学分通胀"的批评。特别是公立的大学在2008年金融危机后，预算消减，财政困难。在金钱和教育质量这个天平上如何平衡是美国教育产业面对的挑战。

美国麻省理工学院

美国哈佛大学

5. 科技和文化

美国是世界科技最发达的国家，历史上重要的研究成果有：贝尔发明的电话；爱迪生发明的白炽灯和摄影机；威斯汀豪斯（西屋公司的创始人）证明了交流电（AC）比直流电（DC）更具有优势，利于远距离传输，为大规模电厂建设打下了基础；怀特兄弟制造的飞机等等。

爱迪生发明的白炽灯

贝尔发明的电话机

二战时期爱因斯坦这样伟大的科学家移居美国，他的"相对论"成为发明原子弹的理论基础。美国是外层空间技术和生物技术的领跑者，是第一个使用互联网的国家，也是

爱因斯坦和他的"质能方程"

信息和通讯技术的标准制定者。但任何技术的进步和创新都是一把双刃剑，核武器并没有让世界更安全，转基因种子会给人类带来什么，没有谁知道。"棱镜门"事件，斯诺登爆料美国对全世界的监控，不能不让我们发问：美国使用最新的信息技术和网络资源在干什么？

美国是个移民国家，在美国似乎可以见到世界上任何一个国家的人。这种不同的种群相互融合带来了不同的文化。什么是"美国文化"？对此没有一个统一的定义。他们自己定义为：美国是一个多种文化的国家，国民来自不同的地区、种群，有着不同的文明渊源、语言和价值观，但在美国这些差异被相互接纳了。美国是一个不同文化的"大熔炉"，是一个可以装下任何"沙拉"的器皿。比如，和欧洲一样，圣诞节是美国最重要的节日，

美国圣诞节

但在美国不只如此，美国特色的节日——感恩节带有浓重的美国本土文化色彩。"美国梦"常用来代表美国的文化，什么是"美国梦"，一定有成千上万的版本，时代不同版本也会不同。但不管何时，"美国梦"大多数都与财富相关。所以第30届美国总统库利奇（1923至1929年）说出了关于美国本质的名言：The business of America is business(美国事务的核心是生意)。在美国不同的文化是受到尊重的（起码表面上是如此），美国也非常注重对文化差异的研究。中国改革开放后发生了巨大的变化，在世界的作用和话语权得到了提高，这些年来美国非常重视对中国文化的研究，中国文化研究是美国大学和研究机构中的最重要命题之一。"汉学"（Sinology）和"中国研究"（China Studies)成为独立的学科。

美国是个大国，是个高速运转的经济体，是个差异文化的熔炉，也是龙卷风和飓风出没的国度。我们不可能用"窥一斑以见全豹"的逻辑去推理，也不可能用我们的管锥之见去定义。要了解美国，需要每个人亲身的真实感受。不管时间的长与短，不管用什么方式在美国旅行，你都会有自己独有的感受，这是最有价值的。因为这是你从自己的经历中得到的结论，是任何人、任何手册替代不了的。

自然地理

人文地理

1. 位置

美国位于北美大陆，加拿大以南，墨西哥以北。阿拉斯加州位于加拿大以西，隔白令海峡与俄罗斯相望。夏威夷州位于太平洋中部，距离美国本土3700千米。

美国在世界上的位置

2. 地理环境

美国西濒太平洋，东濒大西洋，阿巴拉契亚山脉从五大湖区开始向西南延伸，将东部的沿海地区与中西部的草原隔开，密西西比河、密苏里河由北向南纵穿美国大陆，西部的落基山脉由北向南延伸到墨西哥的奇瓦瓦。

美国的最高点是在阿拉斯加州的麦金利山，海拔6194米，最低点是加利福尼亚州死谷的坏水盆地，海拔−82米。夏威夷

美国地形
U.S. Relief

州有众多的火山岛，阿拉斯加州有活火山，而黄石国家公园地下是超级的火山区。

3. 气候

美国本土位于北温带，气候和降水比较适宜，降水与地下水均十分丰富。

佛罗里达半岛南端属热带；阿拉斯加州位于北纬60至70度之间，属北极圈内的寒带；夏威夷州位于北回归线以南，属热带。

东北部沿海和五大湖地区属温带大陆性气候，因受拉布拉多寒流和来自北方冷空气的影响，冬季寒冷的时日较长，风力较大，年平均降水量为1000毫米。

东南部属亚热带季风性湿润气候。因受墨西哥湾暖流的影响，温暖湿润，1月份平均温度在9℃左右，7月份为24℃～27℃。夏末秋初墨西哥湾沿岸常有飓风侵袭。年降水量平均在1500毫米以上。

中部中央平原的气候基本上也属温带大陆性气候，冬季寒冷，夏季炎热，夏季气温较高，湿度大。这一地区每年的无霜期在160到200天左右。

西部高原气候干燥，年温差高达25℃，山岳地区山势越高气温越低。纬度的差异对平均气温的影响很大。

太平洋沿岸北部属温带海洋性气候，冬暖夏凉，雨量充沛。太平洋沿岸的南段属于亚热带地中海式气候，夏季炎热干旱，冬季温和多雨。

4. 时区

美国横跨西五区至西十区，总计6个时区，西五区也称东部标准时区（EST.），西六区也称中部标准时区（CST.），西七区也称山地标准时区（MST.），西八区也称太平洋标准时区（PST.），西九区也称阿拉斯加标准时区（AKST.），西十区也称夏威夷标准时区（HST.）。

自然资源

美国的自然资源丰富，矿产储量潜在总值居世界第一。许多矿产的储量居世界前列。

1. 矿产

美国矿产储量居世界第1位的有煤、钼、天然碱、硼、溴、硫酸钠等，居第2位的有铜、金、镉、银、钇、磷、硫，第3位的有铅、锌、稀土、重晶石、碘，第4位的有铂族金属、钨，第5位的有铁矿石，第6位的有天然气、锑、铋、钾盐，第8位的有钛铁矿、铀，石油居第11位。

美国本土主要矿产分布图

2. 森林

美国的森林面积205万平方千米。草地与山地牧场占全国总面积的28%，水力蕴藏量约13,000万千瓦。运转中的核反应堆有110多座。

3. 页岩气

经过上世纪70年代的石油危机，及工业化进程中"开发—污染—治污"的循环，美国的资源和能源开发受到了严格的保护。立法和行政决策的严格规范，更体现了人们环境意识的不断进步。

近年来随着美国南部页岩气（shale gas）的发现和应用技术的不断成熟，"后石油"能源革命成为可能。美国能源信息署2012年对页岩气储备的预测为13.7万亿立方米。页岩气的广泛开发和利用可能改变美国一次能源的供应结构，并影响"石油美元"的根基。

页岩气井

主要旅游城市

西部印象及主要城市

神秘的美国西部

"美国西部"在不同的历史时期分别指不同的地理范围。根据美国区域划分法，西部包括太平洋沿岸的3个州：华盛顿州、俄勒冈州、加利福尼亚州，内陆的8个州：蒙大拿州、爱达荷州、怀俄明州、内华达州、犹他州、科罗拉多州、亚利桑那州和新墨西哥州，以及位于加拿大西北的阿拉斯加州和太平洋中的夏威夷州，共13个州。

在美国西部分布着美国联邦政府承认的印第安部落，在他们的保留地，仍然延续着他们的传统习俗和文化。

西部印第安部落

雄奇的落基山脉纵贯西部南北，草原与荒漠是美国西部的主要地理环境，西部这片欲望丛生的黑土地催生了"牛仔传奇"和纯种的美国历史与文化。美国西部的开发堪称世界史上的奇迹：一个年轻的国家因其成功地开发西部而在短短的100多年内建立起了世界上最强盛的国家。

美国西部的牛仔精神

美国的历史始于东部，但是我们今天提及的"美国精神"却是发源于美国的西部，最能体现美国精神的就是美国西部文化和西部牛仔精神。"开拓进取、注重实效、积极行动、乐观向上、崇尚民主、百折不挠、敢于创新"，这种新大陆上锤炼出来

中国人和美国西部牛仔

的民族精神，这种独特的思想、性格和行为方式的高度统一，就是人们常说的"美国精神"。牛仔，是美国精神的代表。你不得不承认在这片神奇

西部牛仔

西部牛仔

的地方，带有太多的你无法释怀的飒爽与英气，同时又带着小小的桀骜不驯与不甘平庸。西部的牛仔们，他们吹着口哨，吆喝着，高喊着，引导着，驱赶着牛群奔向不确定的未来，他们穿着牛仔裤，戴着牛仔帽，以酷毙的口形叼着香烟，大漠落日下，单枪匹马，随意留下肝胆相照的故事，这一切是多么的真实与自在。

今天，虽然许多"西部往事"已遭历史尘封，但显示那个时代最富冒险精神和进取意志的"淘金热"所表现出的"西部精神"，仍深深植根于现代美国人的精神世界里。拉斯维加斯、洛杉矶、圣佛朗西斯科（旧金山）以下简称"旧金山"、西雅图这些依靠梦想与灵感创造的城市，已经成为美国面孔的一部分，而其多民族的移民构成，为政治多元化提供了天然的试验场。

说了美国西部这么多，怎么样，心动了吧！你一定被美国西部那种由内而外所散发的魅力所吸引，立即踏上美国西部的旅程吧！

小贴士

何谓"新大陆"的概念

带您走进美国西部之旅之前，先说明一下何谓"新大陆"的概念？新大陆从地理位置上讲是相对于旧大陆来说的。美洲和澳洲属于所谓的"新大陆"，而亚洲和欧洲属于"旧大陆"。旧大陆是指在哥伦布发现新大陆之前，欧洲认识的世界，包括欧洲、亚洲和非洲（全体被称为非洲——欧亚或世界岛）。与此相区别，新大陆主要指美洲大陆。

洛杉矶附近 Los Angeles & Vicinity

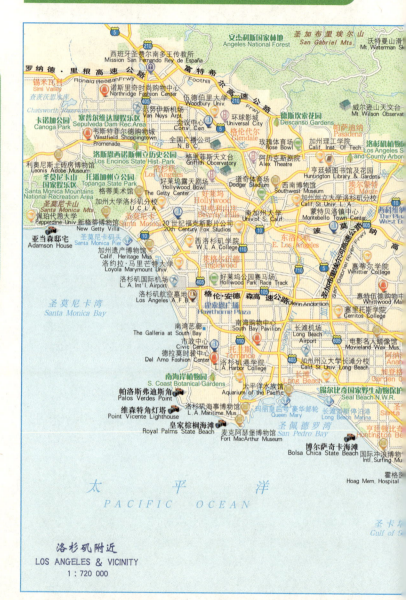

安杰利斯国家林地
Angeles National Forest

圣加布里埃尔山
San Gabriel Mts.

沃特曼山滑
Mt. Waterman Ski

西班牙圣费尔南多王传教所
Mission San Fernando Rey de España

罗纳德·里根高速公路
Ronald Reagan Frwy

锡米瓦利
Simi Valley

查茨沃思水库
Chatsworth Reservoir

富特希
Foothill

诺斯里奇时尚购物中心
Northridge Fashion Center

伍德伯里大学
Woodbury Univ.

威尔逊山天文台
Mt. Wilson Observat.

德斯坎索花园
Descanso Gardens

卡诺加公园
Canoga Park

塞普尔维达坝度假乐区
Sepulveda Dam Rec. Area

范努伊斯机场
Van Nuys Arpt.

环球影城
Universal City

帕萨迪纳
Pasadena

韦斯特菲尔德购物城
Westfield Shoppingtown

会议中心
Conv Cen

环球影城
Universal City

加州理工学院
Calif. Inst. Of Tech.

洛杉矶州立植物
Los Angeles S
and County Arbor

普罗姆纳德
Promenade

全国广播公司
N.B.C.

格伦代尔
Glendale

玫瑰体育场
Rose Bowl

利奥尼斯土砖房博物馆
Leonis Adobe Museum

洛斯恩西诺斯州立历史公园
Los Encinos State Hist. Park

格里菲斯天文台
Griffith Observatory

洛杉矶
Los

阿历克斯剧院
Alex Theatre

亨廷顿图书馆及花园
Huntington Library & Gardens

圣莫尼卡山
国家娱乐区
Santa Monica Mountains
National Recreation Area

托潘加州立公园
Topanga State Park

格蒂美术馆
The Getty Center

好莱坞露天剧场
Hollywood Bowl

道奇体育场
Dodger Stadium

西南博物馆
Southwest Museum

埃尔蒙特
El Monte

圣莫尼卡山
Santa Monica Mts.

加州大学洛杉矶分校
U.C.L.A.

好莱坞
Hollywood

加州州立大学洛杉矶分校
Calif St Univ LA

西好莱坞
West

佩珀代恩大学
Pepperdine Univ

新格蒂博物馆
New Getty Villa

比弗利山
Beverly Hills

南加州大学
Univ of S. Calif.

蒙特贝洛镇中心
Montebello Town Center

亚当森邸宅
Adamson House

圣莫尼卡
Santa Monica

圣莫尼卡码头
Santa Monica Pier

20世纪福克斯影片公司
20th Century Fox Studios

东洛杉矶
E. Los Angeles

波莫纳
Pomona

惠蒂尔学院
Whittier College

加州遗产博物馆
Calif. Heritage Mus.

西洛杉矶学院
W. L. A. College

英格尔伍德
Inglewood

惠特伍德购物
Whittwood

洛约拉·马里芒特大学
Loyola Marymount Univ

好莱坞公园赛马场
Hollywood Park Race Track

塞里托斯学院
Cerritos College

洛杉矶国际机场
L. A. Int'l. Airport

洛杉矶航空墓地
Los Angeles A.F.B.

格伦·安德森高速公路
Glenn Anderson

长滩机场
Long Beach
Airport

电影名人蜡像馆
Movieland Wax Mus.

圣莫尼卡湾
Santa Monica Bay

霍桑恩广场
Hawthorne Plaza

阿纳
Ana

南湾艺廊
The Galleria at South Bay

南湾购物中心
South Bay Pavilion

加州州立大学长滩分校
Calif St Univ Long Beach

加登
Garden

市政中心
Civic Center

托兰斯
Torrance

长滩
Long Beach

锡尔比奇国家野生动物区
Seal Beach N.W.R.

德拉莫时装中心
Del Amo Fashion Center

洛杉矶港学院
L. A. Harbor College

太平洋水族馆
Aquarium of the Pacific

圣
Santa

南海岸植物园
S. Coast Botanical Gardens

玛丽皇后号豪华邮轮
Queen Mary

长滩游艇停泊港
Long Beach Marina

帕洛斯弗迪斯角
Palos Verdes Point

洛杉矶海事博物馆
L. A. Maritime Mus.

圣佩德罗湾
San Pedro Bay

亨廷顿海
Huntington Be

维森特角灯塔
Point Vicente Lighthouse

皇家棕榈海滩
Royal Palms State Beach

麦克阿瑟堡博物馆
Fort MacArthur Museum

博尔萨奇卡海滩
Bolsa Chica State Beach

国际冲浪博物馆
Intl. Surfing Mu

霍格纪
Hoag Mem.

太 平 洋
PACIFIC OCEAN

圣卡塔
Gulf of S

洛杉矶附近
LOS ANGELES & VICINITY
1 : 720 000

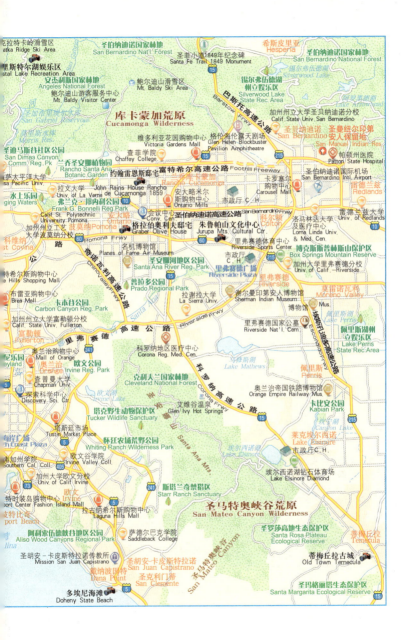

克拉特卡岭滑雪区
atka Ridge Ski Area

里斯特尔湖娱乐区
stal Lake Recreation Area

安杰利斯国家林地
Angeles National Forest

加布里埃尔水库
San Gabriel Reservoir

莫里斯水库
Morris Res.

圣迪马斯谷社区公园
San Dimas Canyon
Comm'l.Reg.Pk

萨太平洋大学
sa Pacific Univ.

永上乐园
ging Waters

科维纳
科维纳
st Covina

特希斯购物中心
e Hills Shopping Mall

布雷亚购物中心
Brea Mall

卡朴臣公园
Carbon Canyon Reg.Park

加州州立大学富勒顿分校
Calif.State Univ.Fullerton

富勒顿
Fullerton

尼乐园
eveland

特时装岛购物中心
ort Center Fashion Island Mall

比奇
Beach
lina

圣伯纳迪诺国家林地
San Bernardino Nat'l.Forest

希斯皮里亚
Hesperia

圣伯纳诺国家林地
San Bernardino'National Forest

圣菲小道1849年纪念碑
Santa Fe Trail 1849 Monument

锡尔弗伍德湖
Silverwood Lake

锡尔弗伍德湖州立假乐区
Silverwood Lake
State Rec.Area

鲍尔迪山滑雪区
Mt.Baldy Ski Area

鲍尔迪山游客服务中心
Mt.Baldy Visitor Center

巴斯托高速公路
Barstow Frwy

库卡蒙加荒原
Cucamonga Wilderness

加州州立大学圣贝纳迪诺分校
Calif.State Univ.San Bernardino

215

圣贝纳迪诺
San Bernardino

圣曼纽尔印第安人保留地
San Manuel Indian Res.

维多利亚花园购物中心
Victoria Gardens Mall

格伦海伦露天剧场
Glen Helen Blockbuster
Pavilion Amphitheatre

帕顿州医院
Patton State Hospital

查菲学院
Chaffey College

圣安娜植物园
Rancho Santa Ana
Botanic Garden

约翰雷恩斯邸宅
John Rains House Rancho
of Cucamonga 1859

富特希尔高速公路 Foothill Freeway

圣伯纳迪诺国际机场
San Bernardino Intl.Airport

雷德兰兹
Redlands

拉文大学
Univ.of La Verne of

兰乔库卡蒙加
Rancho
Cucamonga

卡罗塞尔购物中心
Carousel Mall

弗兰克·J·邦内利公园
Frank G.Bonnelli Reg.Park

安大略米尔斯购物中心
Ontario Mills

大学波莫纳分校
University Pomona

加州州立工艺大学波莫纳
大学波莫纳分校

波莫纳
Pomona

会议中心
Conv. Cen.

大略
Ontario

圣伯纳迪诺高速公路
San Bernardino Frwy

科尔顿
Colton

洛马林达大学及医疗中心
Loma Linda Univ.
& Med.Cen.

雷德兰兹大学
Univ.of Redlands

波莫纳高速公路
Pomona Frwy

格拉伯奥利夫邸宅
Graber Olive House

朱鲁帕山文化中心
Jurupa Mts.Cultural Ctr.

60

名机博物馆
Planes of Fame Air Museum

圣安娜河地区公园
Santa Ana River Reg.Park

里弗赛德体育中心
Riverside Sports Center

市政厅 C.H.

215

博克斯普林斯山保护区
Box Springs Mountain Reserve

普拉多公园
Prado Regional Park

15

里弗赛德广场
Riverside Plaza

里弗赛德
Riverside

加州大学里弗赛德分校
Univ.of Calif.-Riverside

奇诺谷利高速公路
Chino Valley Frwy

拉谢拉大学
La Sierra Univ.

谢尔曼印第安人博物馆
Sherman Indian Museum

博物馆
Mus.

莫雷诺谷市
Moreno Valley

佩里斯湖
Lake Perris

桑塔
Santa

里弗赛德高速公路
River Side Frwy

里弗赛德国家公墓
Riverside Nat'l.Cem.

埃斯孔迪多高速公路
Escondido Frwy

佩里斯湖州立假乐区
Lake Perris
State Rec.Area

奥兰治地区医疗中心
Corona Reg.Med.Cen.

马修斯湖
Lake Mathews

佩里斯
Perris

克利夫兰国家林地
Cleveland National Forest

科罗纳高速公路
Corona Frwy

奥兰治帝国铁路博物馆
Orange Empire Railway Mus.

卡比安公园
Kabian Park

215

奥治治公园
Orange
Irvine Reg.Park

欧文公园
Irvine Reg.Park

欧文
Irvine

查普曼大学
Chapman Univ.

探索科学中心
Discovery Sci.Ctr.

5

圣安娜高速公路
Santa Ana Frwy

241

艾维谷温泉
Glen Ivy Hot Springs

15

莱克埃尔西诺
Lake Elsinore

塔克野生动物保护区
Tucker Wildlife Sanctuary

市政厅 C.H.

塔斯廷市场
Tustin Market Place

怀廷农场荒野公园
Whiting Ranch Wilderness Park

埃尔西诺湖
Lake Elsinore

埃尔西诺湖钻石体育场
Lake Elsinore Diamond

岸广场
n Forest Plaza

加州学院
Southern Cal Coll.

欧文谷学院
Irvine Valley Coll.

加州大学欧文分校
Univ.of Calif.Irvine

73

欧文
Irvine

241

斯塔兰奇禁猎区
Starr Ranch Sanctuary

圣马特奥峡谷荒原
San Mateo Canyon Wilderness

拉古纳希尔斯购物中心
Laguna Hills Mall

圣马特奥峡谷
San Mateo Canyon

圣罗莎高地生态保护区
Santa Rosa Plateau
Ecological Reserve

特梅丘拉
Temecula

阿利索伍德峡谷地区公园
Aliso Wood Canyons Regional Park

萨德尔巴克学院
Saddleback College

圣胡安-卡皮斯特拉诺传教所
Mission San Juan Capistrano

圣胡安-卡皮斯特拉诺
San Juan Capistrano

蒂梅丘拉古城
Old Town Temecula

戴纳波因特
Dana Point

圣克利门蒂
San Clemente

5

多埃尼海滩
Doheny State Beach

圣马格丽塔生态保护区
Santa Margarita Ecological Reserve

15

035

1. 洛杉矶

（1）洛杉矶概况

洛杉矶市坐落在加利福尼亚州的南部，占地1302平方千米，2012年的人口数量为3857799，而大洛杉矶地区（洛杉矶市加上周边的五个郡），总人口数超过1800万。

洛杉矶在美国的位置

洛杉矶市1781年由西班牙人建立，1821年墨西哥独立战争后成为墨西哥的一部分。1848年连同加州的其他部分被美国购买，成为美国的一部分。

大洛杉矶地区的GDP在2008年达到8310亿美元，是仅次于东京和纽约的第三大经济区域。拉动洛杉矶经济的主要动力是国际贸易、娱乐产业和旅游业。洛杉矶和长滩港口是世界最繁忙的港口之一。

洛杉矶市曾经于1932年和1984年两次成功举办奥运会，和中国的广州市互为友好城市。

（2）天使之城

洛杉矶是美国仅次于纽约的第二大城市，是西海岸的"明珠"，是西海岸边一座风景秀丽、璀璨夺目的海滨城市，它濒

天使之城——洛杉矶海滨

临浩瀚的太平洋东侧的圣佩德罗湾和圣莫尼卡湾沿岸，背靠莽莽的圣加布里埃尔山，以其绚烂旖旎的风光、大都市的气派，集繁华与宁馨于一身。

生活在洛杉矶的当地人，就像上帝派来的天使，他们的脸上露出灿烂的笑容，热诚地接待着世界各地的游客，以及任何乐意融入洛杉矶快节奏生活方式的人们。

洛杉矶四季如春，气候温暖宜人，各种文化千差万别但又相互交融，构成了洛杉矶最具魅力的个性特质，使游客得以深刻地了解洛杉矶这个城市，也使洛杉矶之旅成为每个人一生最难忘的经历之一。

（3）童话里的世界

洛杉矶市区广阔，布局分散。整座城市中成千上万一家一户的别墅，散落在绿荫鲜花丛中；鳞次栉比的庭院式建筑，色彩淡雅，造型精巧，风格各异，遍布于平地山丘上；

童话里的世界

市中心十几幢数十层的高楼，形成了城市空间的高低错落；蜿蜒于市区的河流小溪里鱼儿自在地生活。不管是远远望去还是身处其中，洛杉矶都好似童话里的世界。

（4）充满魅力的城市

星光大道

在洛杉矶，总有一些新奇的事物等待着你去体验，你可以同那些曾经把名字留在传奇的"星光大道"上的明星会面；你可以欣赏坐落在李山山脉上的格里菲斯公园中的

星光大道上的成龙印记

星光大道上的印记

"好莱坞标志"，它是全球最负盛名的地标；你可以参观电影王国"好莱坞环球影城"，你可以参观峰秀地灵的贝弗利山庄，或者在欢乐海洋迪士尼乐园感受激情；你可以参观著名电视节目的录制过程，游览优秀的电影工作室；你可以体验到"娱乐至上"精神的现实含义；可以找寻到很多让你惊喜万分的地方……，丰富多彩的娱乐活动，四季宜人的气候，绵延不绝的海滩，使这里充满魅力。在洛杉矶旅游，你一定不要错过美丽的海滩游览，近距离的接触大海，那片干净的海滩、轻柔的海风，总能让人感受到一种亲近大自然的温和气息。

（5）洛杉矶的主题公园

洛杉矶的主题公园举世闻名，迪士尼乐园和环球影城是最具代表性的。由于采用了最新的科学技术，这里的娱乐产业丰富多彩，它们也因此成为孩子和成人首选的旅游景点。如果你想感觉洛杉矶脉搏跳动的激情，请一定别错过这些主题公园。

环球影城

（6）洛杉矶发达的高速公路

高速公路与城市街道纵横交错、密如蛛网、四通八达。洛杉矶是美国高速公路最发达的城市，也是全美拥有汽车最多的城市。洛杉矶的旅游业发达，除其他原因外，要归功于四通八达的交通，洛杉矶是美国国内及国际旅客交通和货物运输的重要枢纽。

洛杉矶发达的高速公路

（7）在飞机上看到的"好莱坞"

由于地理的原因，到美国旅游，特别是首次到美国旅游的国人，大部分是在美国西部，即洛杉矶或旧金山入境。

从洛杉矶入境，第一个进入旅客眼帘的是矗立在山顶的HOLLYWOOD（好莱坞）九个巨大的字母，这是洛杉矶的标志，这块牌子起源于1926年的"好莱坞地产公司"为了吸引客户而做的广告，直到1946年卖给洛杉矶市政厅，并延续至今日。

在离地面万米，云层笼罩的高空俯视这座"造梦基地"，会让许多电影爱好者联想到无数个好莱坞经典电影的片段，如《乱世佳人》、《卡萨布兰卡》、《肖申克的救赎》、《勇敢的心》等。就像电影"飞屋环形记"中的那个孩子一样，带着一双张望世界的大眼睛，在热气球上充满好奇地环视着外面的一切。坐在舒服的机舱座椅上，望着窗外飘过的缕缕云丝，冥想着，期待着接下来在美国西部的旅程。"好莱坞"是一个梦开始的地方。

空中看到的好莱坞标志

洛杉矶国际机场

（8）洛杉矶国际机场

洛杉矶国际机场位于洛杉矶市西南24千米处，1948年开始启用，一楼是到港大厅，二楼是离港大厅，天桥连接着停车楼，周边都是高档的酒店，免费的机场巴士定点定时接送旅客。初到洛杉矶的旅客，特别是曾到过其他国家旅游的人们，都会感到洛杉矶国际机场什么都大：机场大，停车场大，汽车也大。同时也会感到什么都新：机场新，周边的设施新，附近的希尔顿、喜来登酒店都很新。另外，在洛杉矶入境最大的好处是不会担心接机有问题，因为洛杉矶只有一个国际机场，虽然有两个航站楼，但很近，不会找不到人。

小贴士

洛杉矶国际机场

电话：310-6465252

地址：1 World Way, Los Angeles

交通：乘地铁绿线在[Aviation Station]站下车，换乘免费的
　　　shuttle bus到机场。

2. 拉斯维加斯

（1）沙漠之城

拉斯维加斯市位于内华达州的最南端，坐落于四面环山的沙漠盆地中。占地352平方千米，人口60万。

沙漠之城——拉斯维加斯街景

拉斯维加斯市建立于1911年，是内华达州人口最多的城市。这座城市的主要经济来源是旅游、游戏、赌博、酒店和会展。由于博彩业的发达，拉斯维加斯又被称作赌城和"罪恶之城"。

拉斯维加斯夜景

拉斯维加斯是世界最重要的展览主办城市之一，其中动漫展、通讯展、医药展等都是首先在这里向世界展示，被看做是行业的风向标。

沙漠之城拉斯维加斯和中国辽宁的海滨城市——葫芦岛市互为友好城市。

（2）充满魔力的城市

拉斯维加斯是美国内华达州最大的城市，一座充满魔力的城市。清晨是一天的开始，然而拉斯维加斯却是相反，每当夜幕降临，赌城都会迎来它一天中最辉煌的时刻。除了赌场以外，很多酒店门口都开始精彩的表演秀，"火山爆发"、音乐喷泉都是不容错过的，同时还有很多丰富多彩的表演秀上演：歌舞、脱口秀、杂技、催眠术、魔术，精彩的内容你都不知道该看哪个。

拉斯维加斯从一个巨型游乐场到一个活色生香的城市，从一个一百年前的小村庄变成了一个巨型的旅游城市，每年迎

拉斯维加斯赌场

来了3890万游客，夜夜狂欢的超级巨星的秀场表演、刺激的拳击冠军争霸赛、灿烂炫目的赌场，吸引着全球的目光，这便是拉斯维加斯——荒凉沙漠中的不夜城。

拉斯维加斯的名号个个都很响亮：世界娱乐之都、罪恶之城、赌城……，拉斯维加斯俨然已经是世界第一大赌场，拉斯维加斯是纸醉金迷的不夜城，拉斯维加斯是沙漠奇迹，拉斯维加斯是天堂，当然也是地狱。如果你穷困潦倒还剩下几美元，去拉斯维加斯或许会咸鱼翻身，如果你钱多花不完，去拉斯维加斯或许会体会到流浪汉的潇洒。

拉斯维加斯赌场

（3）拉斯维加斯的长街

然而展现这一切最淋漓尽致的便是拉斯维加斯的长街。长街是拉斯维加斯最繁忙的街道，位于拉斯维加斯繁华的市区。长街又被称为拉斯维加斯大道。在这里，汇集了全世界最豪华的酒店、赌场、餐馆与购物场所，人们可以在这里尽情地享受这座奇幻之城给你带来的无尽享受。

长街（拉斯维加斯大道）上的主题酒店是该街上一道亮丽的风景线，它们是拉斯维加斯的灵魂与象征，是当地人欢庆新年的场所，也是这里的特色景点。比较有代表性的是：金银岛酒店、马戏团酒店、威尼斯人酒店、海市蜃楼饭店、百乐宫酒店、巴黎饭店。

如何前往长街

前往长街可乘绿线单轨列车在[Flamingo/Caesars Palace Station]站下车，或乘坐202路巴士在[Flamingo @ Las Vegas (W)/Flamingo @ Las Vegas (E)]站下车。

拉斯维加斯长街

3. 圣迭戈

（1）美丽的海滨城市

圣迭戈市是加利福尼亚州最南端的海滨城市，位于洛杉矶南190千米处，与墨西哥接壤，占地965平方千米，人口130万。

圣迭戈是天然的深水港，也是世界最大的海军舰队的港湾，2008年曾有58艘军舰和35000名海军士兵停留在此。海军是这座城市的最大的雇主之一，就业人口的5%是为军事服务的。国防和军工是这个城市最大的产业，在圣迭戈科技园内的许多研究机构都是为军产服务的，由于特殊的管理规则，没有经过允许不要进入。这里还是军事题材电影的拍摄地，"凌云壮志"就是在圣迭戈的海军基地拍摄的。

圣迭戈气候宜人，环境美丽。被认为是美国最美丽的城市之一。圣迭戈动物园、野生动物园和海洋世界都是世界级的旅游场所。

圣迭戈

（2）加州最早的城市

圣迭戈市是加州最早建立的城市，所以被称为加州的出生地。由于历史和地理的原因，这里可以看到许多西班牙和墨西哥的传统。

圣迭戈的西班牙建筑

（3）美国经济增长最快的城市之一

圣迭戈是全美成长最快的城市之一，圣迭戈——蒂华纳是美国和墨西哥共同的经济区域。在圣迭戈有美国联邦政府批准的自由贸易区，利用和墨西哥的边境通道促进当地的贸易发展。在历史上圣迭戈曾经是金枪鱼捕捞和加工的基地，现在这个产业已经转移到了墨西哥。加州的娱乐业和墨西哥也有着千丝万缕的联系，比如好莱坞大片"泰坦尼克"和"加勒比海盗"的许多外景都是在位于墨西哥的影视基地拍摄的。

在民用经济中，通讯和生物制药是这座城市的核心支柱产业。CDMA系统就诞生在这个城市，这里的通讯中心构建坚固，不但经得住8级地震的破坏，甚至可以抵御核爆的毁灭。

圣迭戈州立大学

依托于加州大学圣迭戈分校和圣迭戈州立大学，这里是美国第二大的（仅次于波士顿）生物制药研究集群，有许多著名的制药企业在这里有实验室，也有140家专业的研发外包机构为这个产业服务。

4. 旧金山

（1）旧金山概况

旧金山坐落在加州北部的圣佛朗西斯科海湾，面积600平方千米，人口82万。

旧金山在美国的位置

旧金山建立于1776年，1849年的黄金潮使这里人口激增，一时成为美西部最大的城市。1906年4月18日的大地震和之后的大火几乎把这座城市完全毁灭，用著名作家杰克·伦敦的话，"没有一座现代的城市如此彻底地被毁灭"。震后的重建由旧金山计划和城市协会承担，在1915年巴拿马—太平洋国际博览会上，宣布了这个城市的重生。

旧金山是早期中国人进入美国最集中的地区。目前的人口分布白人占48%，亚裔占33%，而亚裔人口中最多的是中国人。

（2）"旧金山"之名的由来

旧金山，一个古老的城市，是我们中国先辈们进入北美洲的最初落脚地，并以此作为根据地向周围扩充。当年正值淘金热，我们的先辈也像其他人那样，为了实现一个黄金梦来到这里，所以华人通常都叫它"旧金山"。

旧金山夜景

旧金山金门大桥

旧金山海湾大桥

（3）多姿多彩的历史名城

　　旧金山，英文名圣弗兰西斯科，是美国西海岸的最大贸易港和海军基地，也是美国西海岸濒临太平洋的重要海港，是金融、贸易、文化、旅游的名城。它位于加州海岸一个狭长半岛的尖端，东临旧金山湾，西滨太平洋，北隔金门海峡

旧金山市中心的缆车轨道

和对岸的小半岛相望。东边有海湾大桥和奥克兰相接，西边有金门大桥和北方的另一半岛相连。围绕着旧金山湾的大大小小城市，与有雾都之称的旧

金山合成所谓的湾区。湾区的南边有圣何塞等著名都市，斯坦福大学和硅谷即在此区；东边有奥克兰、加州大学伯克利分校。整个湾区的交通四通八达，非常便利。

旧金山是加州的重要港口城市，住着来自各个国家的人民，各种文化在这个都市交融共生。华人占有旧金山市总人口的百分之十二，黑人也占有同样的比例，另外还有少数的菲律宾人、日本人、尼加拉瓜人、西班牙人、意大利人、越南人和萨摩亚人。

旧金山的唐人街历史悠久，融汇了世界各地的风土人情，在这里你会看到各国的文化，品尝到各国的美食。每当夕阳西下，金色的斜阳照在渔人码头的栈桥上，海面上各种各样的水鸟飞翔游弋，岸边的岩石上一群群的海豹悠闲地享受着霞光，晚风中飘来口琴吹奏的俄罗斯小曲，令人深感惬意。

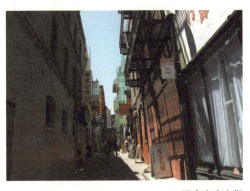

旧金山唐人街

旧金山机场的艺术展

049

圣弗朗西斯科(旧金山)附近 San Francisco & Vicinity

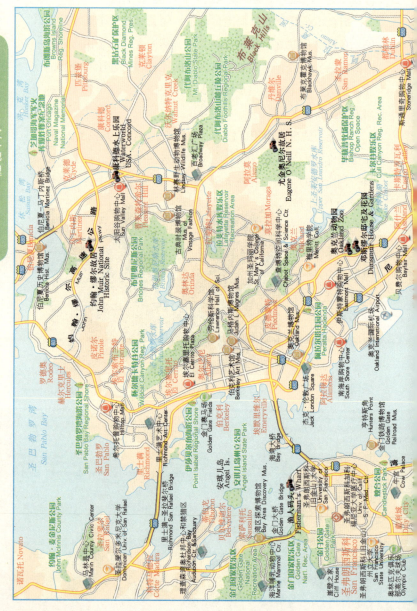

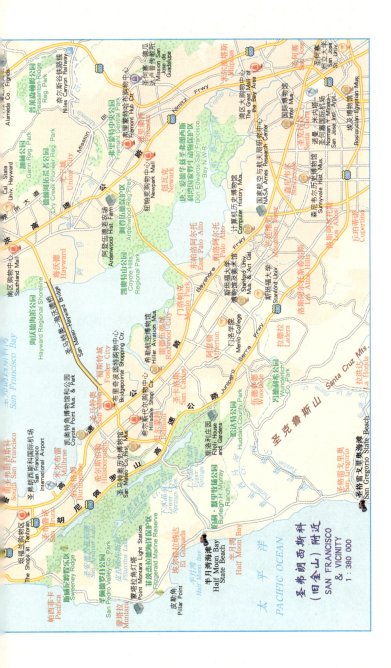

阿拉米达县 Alameda Co. Franci

普莱森特里奇公园 Pleasanton Ridge Reg. Park

德瓜 Niles Canyon Railway 绿线谷铁路线

圣约瑟夫德卢普教堂 Mission San Jose de Guadalupe

加林公园 Garin Reg. Park

Cal. State Univ. Hayward 加州州立大学海沃德

德赖克瑞匹名公园 Dry Creek Pioneer Reg. Park

米申 Mission

联合城 Union City

弗里蒙特中央公园 Fremont Central Park

弗里蒙特历史农场 Fremont Hist. Farm

湾区大购物中心 The Great Mall of the Bay Area

国际博物馆 Intel Mus.

米尔皮塔斯 Milpitas

加州大学 加州大学

圣阿塞 San Jose

阿尔登伍德保护区 Ardenwood Reg. Pres.

纽瓦克 Newark

阿登伍德历史农场 Ardenwood Hist. Farm

纽瓦克购物中心 Newpark Mall

圣何塞国际机场 San Jose Int'l Arpt.

圣荷塞圣荷塞保护区 Don Edwards/San Francisco Bay N.W.R.

希勒航空博物馆 Hiller Aviation Mus.

国家航空与航天研究中心 NASA Ames Research Center

诺曼·米内塔 Norman Y. Mineta San Jose Int'l Arpt.

桑尼维尔 Sunnyvale

罗森柯鲁西安埃及博物馆 Rosicrucian Egyptian Mus.

埃及博物馆

南区购物中心 Southland Mall

海沃德区域海滨公园 Hayward Regional Shoreline

海沃德 Hayward

圣马特奥-海沃德大桥 San Mateo-Hayward Bridge

郊狼山公园 Coyote Hills Regional Park

洛斯阿尔托斯山 Los Altos Hills

丘珀蒂诺 Cupertino

圣弗朗西斯科国际机场 San Francisco International Airport

米尔布雷 Millbrae

南圣弗朗西斯科 South San Francisco

圣布鲁诺 San Bruno

坦福特商场 The Shops at Tanforan

福斯特城 Foster City

布里奇波波因特购物中心 Bridgepointe Shopping Ctr.

希尔斯代尔购物中心 Hillsdale Shop. Ctr.

希尔斯代尔历史博物馆 San Mateo Co. Hist. Mus.

圣卡洛斯 San Carlos

红木城 Redwood City

阿瑟顿 Atherton

计算机历史博物馆 Computer History Mus.

斯坦福大学 Stanford Univ.

斯坦福大学美术馆 Stanford Univ. Mus. & Art Gal.

东帕洛阿尔托 East Palo Alto

帕洛阿尔托 Palo Alto

门洛帕克 Menlo Park

门洛学院 Menlo College

拉德拉 Ladera

伍德赛德 Woodside

朱尼佩罗 Juniper

塞拉 Serra

洛斯阿尔托斯 Los Altos

伍恩德里希希伯希县公园 Wunderlich Co. Park

圣克鲁斯山 Santa Cruz Mts.

圣克鲁斯山

斯威尼岭 Sweeney Ridge

圣佩德罗谷公园 San Pedro Valley Co. Park

帕西非卡 Pacifica

蒙塔拉 Montara

蒙塔拉角灯塔 Point Montara Light Station

菲茨杰拉德海洋保护区 Fitzgerald Marine Reserve

蒙塔拉 Montara

皮勒角 Pillar Point

埃尔格拉纳达 El Granada

半月湾 Half Moon Bay

半月湾州海滩 Half Moon Bay State Beach

伯林厄姆·默里牧场公园 Burleigh H. Murray Ranch

菲茨利庄园 Filoli House and Gardens

胡达特县公园 Huddart County Park

圣格雷戈里奥 San Gregorio

圣格雷戈里奥州海滩 San Gregorio State Beach

太平洋 PACIFIC OCEAN

圣弗朗西斯科 (旧金山)附近
SAN FRANCISCO & VICINITY
1 : 380 000

San Francisco Bay 圣弗朗西斯科湾

5. 波特兰

波特兰夜景

（1）玫瑰之城

波特兰是俄勒冈州最大的城市，位于威拉麦狄河汇入哥伦比亚河的入河口以南不远的地方。面积376平方千米，人口约60万。

波特兰的别称是"玫瑰之城"，这是因为波特兰的气候特别适宜于种植玫瑰，市内有许多玫瑰园，其中，波特兰的华盛顿公园里的国际玫瑰试验园，是美国六大玫瑰试验园之一，也是全球24个官方AARS玫瑰试验点之一。

每年6月在波特兰举办"国际玫瑰节"，该节日起源于1907年，经过100多年的发展，波特兰玫瑰节已成为了一个以玫瑰为主题的综合节日，包括在威拉麦狄河上的龙舟大赛，连绵20多千米的花车游行，和后来加入的航空表演。波特兰玫瑰节于2007和2011年两次被国际节日协会评为世界最佳玫瑰节。

波特兰卖花的姑娘

中国游人在玫瑰园

玫瑰园

（2）公园数量最多的城市

波特兰人以其公园的
数量和质量而感到自豪，
它拥有美国最高的人均公
园数量。波特兰公园设计
和建设的历史可以追溯到
20世纪初，1995年波特兰
公民同意在都市地区建立
基金，用来购买有价值的
自然场地，十年中依靠这
个基金一共购买了33平方
千米具有生态价值的土地
加以永久的保护。

波特兰以满城花园著
称，总共有160座大大小小

波特兰市中心草坪

波特兰市中心的水幕

的公园，星罗棋布在市内。即使在高楼林立的市中心，一个个
街区绿地，一棵棵参天大树，仍旧让人感到绿意盎然。

（3）公园风格各异的城市

Mt. Tabor公园位于波特兰市区的一座死火山上。在波
特兰市区内有美国最大的市内森林公园，面积约20平方千米。
除玫瑰园、日本园外，还有一座经典的中国花园——兰苏园，
是聘请苏州艺匠，按照苏州园林的风格建造的，也是中国文
化活动的主办场地。

波特兰的兰苏园

波特兰的兰苏园

波特兰的日本园

（4）北美著名的文化之城

波特兰文化与艺术气氛浓厚。俄勒冈科学与工业博物馆位于威拉麦狄河东岸，与市中心相对，馆内开设物理、生物、地球、技术和天文学的展览。三台象征早期科技革命的蒸汽机车陈列市区。美国第二大的铸铜塑像，仅次于纽约的自由女神像，矗立在波特兰大厦前。

俄勒冈科学与工业博物馆

（5）北美著名的啤酒之城

波特兰的啤酒节

波特兰以其啤酒著称。有人说波特兰是"微酿造啤酒厂"的发起地。波特兰还有数个啤酒节，包括每年七月举行俄勒冈啤酒节。波特兰也是各类水果酒的酿造地区，除葡萄酒外，还有蓝莓、蔓越莓、梨和石榴酿造的果酒。

波特兰蓝莓酒

波特兰水果酒

（6）可持续发展之城

波特兰市是著名的以可持续发展为名片的城市，在这个城市有专门的自行车线路，有零排放的建筑，也有专门研究城市发展规划的大学和机构。这座城市有一个共享的城市电动车服务，全电动的轿车（Car2Go），十分精巧，客户在网上租车，在距离客户最近的地点用密码开车，即时收费，使用后可以在任何可以停车的地方还车，既方便又环保。

（Car2Go）全电动轿车

美丽的西雅图

美丽的西雅图

6. 西雅图

（1）"伐木之都"

西雅图是华盛顿州的港口城市，面积369平方千米，人口63万。1851年建市。历史上这座城市被认为是"伐木之都"，19世纪由于铁路的连通和商业的开发，西雅图成为了西海岸造船业的中心。

西雅图标志

（2）西雅图的财富——波音

第二次世界大战给这座城市带来了财富，财富的核心就是波音。二战后波音公司是世界民用航空业最重要的供应商，波音民用飞机的总装厂设在西雅图市。虽然波音公司在2001年将公司总部移到芝加哥，但总装厂仍在西雅图。

20世纪80年代新一轮的"技术潮"为这个城市添加了财富。1979年微软公司将其总部由新墨西哥州迁到西雅图市郊，逐渐带来了众多的精英技术公司，如亚马逊、AT&T和飞利浦。软件成了这座城市财富的新载体。西雅图和中国最新的直辖市——重庆市互为友好城市。

2010年西雅图的GDP达到2310亿美元，这样的经济规模为新兴产业奠定了基础，特别对绿色能源和清洁技术的中小企业提供了发展机会。西雅图在政府政策和绿色经济的评价中被评为美国"智能化城市"的第一名，2010年西雅图政府声明到2030年这座城市将实现人均温室气体零排放。这里也是一个人民享受生活的地方，比如西雅图是咖啡消费的大城市，这里有"星巴克"的总部、"最好西雅图咖啡"的连锁店，还有极富个性的意大利浓咖啡的个性小店等等。

西雅图是个美丽的城市，每逢樱花绽放的季节，在华盛顿湖的衬托下，这座城市更显活力和生机。

谁来到西雅图，都会立刻喜欢上它，因为它的景色安逸恬静；谁了解了西雅图，都会受到启示，因为它创造的商业奇迹。

波音公司总装厂

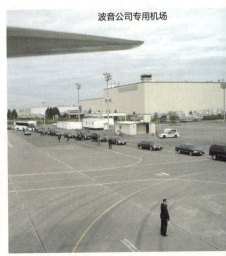
波音公司专用机场

东部印象及主要城市

美国东部一般是指密西西比河以东的各州，是由欧洲的殖民地发展成为独立国家的地区，美国的发源地，这里经历了独立战争和南北战争的洗礼，产生了"民有、民治、民享"的政治理念。

华盛顿哥伦比亚特区是美国的政治中心，纽约是世界的金融中心。这里是欧洲各民族以及非洲后裔的美国人融合和共生的地区，也是各种文化和习俗的"熔炉"。东部曾经是美国的工业中心，经历了传统工业向现代化产业的转型。东部的建筑是历史与多样性文明的聚合体。东部也是教育资源最集中的地区，是"常春藤盟校"密集分布的地区。在美国东部旅行，可以时时处处感受美国特有的国家政治的影响力，金融帝国的统治力，教育的支持力以及文化艺术的塑造与感染力。

1. 亚特兰大

（1）美国东部重要的交通枢纽

亚特兰大是佐治亚州的首府，是该州最大的城市，面积344平方千米，人口44万，54%是黑人。

亚特兰大在美国的位置

亚特兰大是美国东南部最重要的交通枢纽，是美国东南部金融和商业的中心。这座城市在惨烈的南北战争中数次被烧毁。战争结束后，1865年开始了重建。

由于铁路连接的便利，佐治亚州的州府于1868年搬到亚特兰大市，铁路业成为这座城市的名片，铁路与物流至今仍然是亚特兰大经济的脊柱。第二次世界大战中，由于铁路枢纽的作用及战争相关的加工产业支持，使亚特兰大迅速发展。如今亚特兰大市的GDP达到3040亿美元，是美国500强企业的第三大集中地，如可口可乐、家得宝、美国电话电报移动、达美航空和联合包裹等均将总部设在这里。这些大企业集中的另外一个原因是这里劳动力的素质高，就业大军43%的工人具有大学学位（美国平均为23%）。

亚特兰大鸟瞰

（2）丰厚文化积淀的城市

亚特兰大有着丰厚的文化积淀，美国内战的名著《飘》是在这里诞生，并于1939年在这里被拍成电影。这里也是马丁·路德·金的家乡，他在这座城市发展过程的种族矛盾中发出了"我有一个梦想"的民权之声。

亚特兰大是众多媒体总部的集中地，如CNN、TBS、考克斯公司及美国广播公司气象频道的总部等，均在这里聚集。

亚特兰大有线新闻电视网中心

（3）公园中的城市

亚特兰大是一个宜居的城市，共有343个城市公园，面积占到城市面积的5.6%,64%的市民步行十分钟便可进入一个公园，这也是亚特兰大1996年成功举办奥运会的原因之一。

奥林匹克百年纪念公园

人文地理

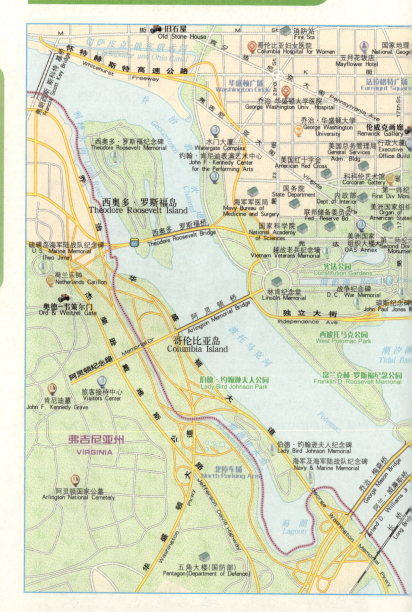

旧石屋
Old Stone House

哥伦比亚妇女医院
Columbia Hospital for Women

消防站
Fire Sta

国家地理
National Geog

五月花饭店
Mayflower Hotel

法伯格特广场
Farragut Square

萨皮克和俄亥俄运河
Chesapeake and Ohio Canal

怀特赫斯特高速公路
Whitehurst Freeway

华盛顿广场
Washington Circle

乔治·华盛顿大学医院
George Washington Univ. Hospital

乔治·华盛顿大学
George Washington University

伦威克画廊
Renwick Gallery

弗朗西斯·斯科特特基桥
Francis Scott Key Bridge

西奥多·罗斯福纪念碑
Theodore Roosevelt Memorial

水门大厦
Watergate Complex

约翰·肯尼迪表演艺术中心
John F. Kennedy Center for the Performing Arts

美国红十字会
American Red Cross

美国总务管理局
General Services Adm. Bldg

行政大楼
Executive Office Build

科科伦艺术馆
Corcoran Gallery

第一师纪
First Div Mon

乔治敦
Georgetown

西奥多·罗斯福岛
Theodore Roosevelt Island

国务院
State Department

内政部
Dept. of Interior

美洲国家组织
Organ. of American States

海军军医局
Navy Bureau of Medicine and Surgery

联邦储备委员会
Fed. Reserve Bd.

硫磺岛海军陆战队纪念碑
U.S. Marine Memorial (Iwo Jima)

西奥多·罗斯福桥
Theodore Roosevelt Bridge

国家科学院
National Academy of Sciences

美洲国家
组织大楼
OAS Annex

第二师纪
Second Div
Monumen

荷兰乐钟
Netherlands Carillon

越战老兵纪念墙
Vietnam Veterans Memorial

宪法公园
Constitution Gardens

奥德一韦策尔门
Ord & Weitzel Gate

林肯纪念堂
Lincoln Memorial

战争纪念碑
D.C. War Memorial

琼斯纪念碑
John Paul Jones

阿灵顿纪念桥
Arlington Memorial Bridge

独立大街
Independence Ave

阿灵顿纪念路
Memorial Dr

哥伦比亚岛
Columbia Island

西波托马克公园
West Potomac Park

潮汐湖
Tidal Bas

伯德·约翰逊夫人公园
Lady Bird Johnson Park

富兰克林·罗斯福纪念公园
Franklin D. Roosevelt Memorial

肯尼迪墓
John F. Kennedy Grave

旅客接待中心
Visitors Center

伯德·约翰逊夫人纪念碑
Lady Bird Johnson Memorial

海军及海军陆战队纪念碑
Navy & Marine Memorial

弗吉尼亚州
VIRGINIA

北停车场
North Parking Area

乔治·梅森桥
George Mason Bridge

阿兰·威廉斯桥
Richard D. Williams Jr

阿灵顿国家公墓
Arlington National Cemetery

杰斐逊戴维斯公路
Jefferson Davis Highway

华盛顿纪念路
Washington Memorial Pkwy

长桥
Long Bridge

鳄湖
Lagoon

华盛顿公路
Washington PKWY

五角大楼(国防部)
Pentagon (Department of Defence)

托马斯广场
Thomas Circle

西北区
North West

机场巴士站
Airport Bus Terminal

麦克弗森广场
Pherson Square

退伍军人管理局
Veterans Adm.

圣约翰教堂
St. Johns Ch.

拉斐特公园
Lafayette Park

White House

财政部
Treasury Dept.

谢曼将军塑像
General Sherman Statue

彩广场
Ellipse

喷泉
t. Fountains

图书馆
Library

K St.

富兰克林公园
Franklin Park

文艺妇女博物馆
National Women
in Arts Mus.

国家剧院
National Theater

商务部
Dept. of Commerce

国家水族馆
Nat. Aquarium

劳工部
Labor Dept.
Ave.

New York Ave.

Massachusetts Ave.

マ特农剧广场
Mt. Vernon Square

唐人街
Chinatown

马丁·路德金图书馆
Martin Luther King Library

国家肖像陈列馆
National Portrait Gallery

福特剧院
Fords Theater

联邦调查局
FBI Building

国内税务局
Internal Revenue

New Jersey Ave.

总审计局
General Accounting Office

政府印刷局
Government
Printing Office

国家建筑博物馆
National Building Mus.

关税委员会
Tariff Commission Bldg.

司法部广场
Judiciary Square

市政中心
Municipal Center

美国海军纪念馆
U.S. Navy Memorial

法院
U.S. Courthouse

司法部
Justice Dept.

国家档案馆
National Archives

灰狗 巴士站
Greyhound Trailways
Bus Terminal

首都儿童博物馆
Capital Childrens' Mus

1st St.

联邦车站
Union Station

巾邮局
City Post Office

哥伦布喷泉
Columbus Mem' Fountain

联邦车站广场
Union Station Plaza

德克森办公大楼
DirksenBldg.

塔夫脱纪念碑及钟楼
Taft Mem'. Garillon

拉塞尔办公大楼
Russell Bldg

最高法院
Supreme Court

Constitution

华盛顿纪念碑
hington Monument

美国国家历史博物馆
American Museum of
American History

史密森学会
Smithsonian Institution (Castle)

弗里尔美术馆
Freer Gallery

农业部
Dept. of Agriculture

审计办公楼
uditors Building

印刷局附属大楼
Bureau Annex

印刷局
Bureau of Engraving
& Printing

朗方广场
L'Enfant Plaza

斯·杰斐逊纪念堂
mas Jefferson Memorial

游艇俱乐部
Capitol Yacht Club

公园警察总部
Park Police Headquarters

东波托马克公园
East Potomac Park

雕塑公园
Nat. Sculpture
Garden

国家艺术馆
National Gallery of Art

雕塑园
Sculpture Garden

国立非洲艺术博物馆
Nat. Mus. of African Art

能源部
Energy Dept.

GSA Regional Office Building

住房和城市发展部
Dept. of Housing &
Urban Development

运输部
Dept. of
Trans Portation

弗朗西斯·凯斯桥
Francis Case Bridge

Maine Ave.

Constitution Ave

和平纪念碑
Peace Mon.

格兰特塑像
Grant Statue

植物园
U.S. Botanic Garden

国家航空航天博物馆
National Air & Space Museum

Independence Ave

联邦航空管理局
Federal Aviation Admin.

美国之音广播电台
Services Voice
of America

西南高速公路
Southwest

District of Columbia

东南大学
Southeastern University

图书馆
Library

竞技舞台剧院
Arena Stage

卫生与公众部
Dept. of Health & Human

联邦政府办公大楼
Federal Office Bldg.

Freeway

西南区
South West

兰德尔高中
Randall High Sch

ConstitutionAve.

Russell Bldg

国会天厦
U.S. Capitol

杰斐逊大楼
Jefferson Bldg.

众议院办公大楼
House Office Bldg.

麦迪逊大楼
Madison Bldg.

国会山发电厂
Capitol Power Plant

加菲尔德公园
Garfield Park

395

M St.

海军造船厂
Washington Navy Yard

华盛顿市中心
WASHINGTON CENTER
1:37 000

065

2. 华盛顿哥伦比亚特区

（1）美国的首都

华盛顿哥伦比亚特区简称华盛顿，是美国的首都。1790年7月16日美国国会通过了《居住法案》，决定创建一个联邦政府首都，拥有独立的司法权，不属于美国任何一个州。

华盛顿哥伦比亚特区在美国的位置

1800年美国国会搬至此地，并于同年11月7日召开了迁入新址的第一次国会。

华盛顿哥伦比亚特区临近大西洋，位于马里兰州和弗吉尼亚州之间的波托马克河与阿纳卡斯蒂亚河汇流处。华盛顿哥伦比亚特区的市区面积178平方千米，人口63万。

（2）美国最高权力机构的所在地

美国行政当局、国会和最高法院都在华盛顿。世界银行、美洲国家组织等国际机构的总部及200个外国大使馆坐落在华盛顿。美国联邦政府为当地提供了29%的就业市场。

作为美国的政治中心，华盛顿哥伦比亚特区也是全球政治的暴风眼。2001年的9·11事件震惊世界。这个事件深深刺痛了美国，五角大楼和纽约的世贸中心被撞击的惨剧，引发了美国人民的无限哀思与思考。

白宫

（3）"华盛顿哥伦比亚特区"名称之来由

华盛顿哥伦比亚特区是为了纪念美国开国元勋、首任总统乔治·华盛顿和发现新大陆的哥伦布而命名的。华盛顿在行政上为联邦政府直辖之地。这里要特别向中国的旅游者说明的是，中文里我们都说华盛顿是美国的首都，但在当地要说哥伦比亚特区，英文的简称是DC，否则当地人会认为是华盛顿州，用英文的搜索引擎也是这样的。

乔治·华盛顿

在历史上关于合众国的首都选址，曾有过不小的争论，是《独立宣言》的诞生地费城，还是宣布国会立宪的纽约，还是在南方。最终选取折中方案建立全新的"联邦城"建都。从而华盛顿哥伦比亚特区被确立为美国的首都。

（4）工整的街区

打开地图你就会叹服于华盛顿哥伦比亚特区街区之工整，这里道路间基本是呈几何形的角度连接，显得严肃、庄重、大气和稳重，城市西南边美丽的潮汐湖和波托马克河为这个城市带来了生命和活力。其实，华盛顿哥伦比亚特区从面积上讲并不是一座大城市，但却因为它的历史作用而成为了美国的首都。

华盛顿街区

3. 巴尔的摩

（1）马里兰州最大的城市

巴尔的摩是马里兰州最大的城市，建于1729年，人口62万，面积238平方千米，其中12%为水面，美国重要的海港之一。

巴尔的摩在美国的位置

（2）城市火灾引发的思考

1904年2月7日在巴尔的摩发生了一场火灾，30小时之内烧毁了1500座建筑，损失1亿5千万美元（当时的美元价值）。从此这个城市开始改进防火系统，提高防火设备标准。防火成了这个城市的永恒主题。

（3）新的产业结构中崛起的城市

20世纪70年代由于产业结构的变化，巴尔的摩市中心的许多建筑和仓库被废弃了。然而在这片工业化的土地上，巴尔的摩开始了新的城市规划和建设。1976年建成马里兰科学中心，1977年建成巴尔的摩世贸中心，1979年建成巴尔的摩会议中心和港口馆，1980年建成国家水族馆，1981年建成巴尔的摩工业博物馆，这片被传统工业废弃的土地焕发出了新春。

在工业化时代，巴尔的摩经济的焦点是钢铁加工、造船和汽车，这个城市曾经是威士忌和食用糖的主产区，而现在服务业已经占到经济总量的90%，旅游在2012年为城市带来了44亿美元的收入。

巴尔的摩国际世贸大厦

4. 费城

（1）在美国历史上有特殊地位的城市

费城是宾夕法尼亚州最大的城市，经济中心。1682年作为宾夕法尼亚州的州府而建立，市区面积367平方千米，人口152万。

费城在美国的历史中占有十分特殊的地位，因为在这座城市美国的开国之父们召开了两次大陆会议，在这座城市诞生了1776年的《独立宣言》和1787年的《联邦宪法》，在独立战争期间费城是美国的首都。

费城与美国的独立息息相关，有许多历史建筑记录着独立战争和建国的历史过程，如独立钟、独立厅、美国国家历史纪念地、历史建筑群，是了解美国历史的大课堂。除这些历史人文建筑，还有全世界最大的城市景观公园——费尔蒙德公园。该公园占地37平方千米，园内有雕塑艺术品、富兰克林艺术馆、历史建筑等供游人欣赏。费城和中国的天津市在1980年中美恢复外交关系后结为了友好城市。

费城街景

费城古老的街道

（2）本杰明·富兰克林——费城的杰出代表

本杰明·富兰克林是这座历史性城市的杰出代表，他不但是《独立宣言》的起草人之一、与欧洲列强谈判的代表，也是费城建设规划、环境改善、促进健康的发起人。他建立了美国的第一所医院，更是费城及宾夕法尼亚州教育提升的推动者。他的名字与这座城市息息相关，他的塑像在这里永久矗立。

本杰明·富兰克林

起草独立宣言

5. 葛底斯堡镇

葛底斯堡镇是宾夕法尼亚州的一个小镇，面积只有4.3平方千米，常住人口7620人。1863年7月1日—3日在这里发生了葛底斯堡战役，1863年11月19日林肯总统在这里为纪念在战争中阵亡的官兵，发表了著名的"葛底斯堡演说"，提出了"民有、民治、民享"的口号。

葛底斯堡镇

6. 匹兹堡

（1）"钢城"、"桥城"——匹兹堡

匹兹堡是宾夕法尼亚州的第二大城市，面积151平方千米，人口30万。匹兹堡又被称为"钢城"和"桥城"，因为这里有300多个与钢铁相关的企业，有446座桥梁。

匹兹堡在美国的位置

匹兹堡曾是美国钢铁、铝业、玻璃和造船业的中心。这里曾经历了产业变化的阵痛，20世纪80年代有上百万的蓝领工人被解雇而失去生计。

（2）网络安全的研发基地

这里从20世纪80年代开始产业升级和转型。苹果、谷歌、英特儿等技术公司为匹兹堡每年创造100亿美元的收入，目前匹茨堡是网络安全、软件工程、机器人和能源研究的基地。产业转型和提升归因于这里的教育资源，这里有68所地区学院和大学，匹茨堡大学和卡内基·梅隆大学是这些创新和研发的动力和基地。

（3）美国最安全的城市之一

匹兹堡兼具历史悠久与现代化都市景象，是全美犯罪率最低的城市之一。2009年，《经济学人》周刊把匹兹堡评为美国最适宜居住的城市。此外，匹兹堡还是美国东海岸连接中西部的重要地点，向东可至大纽约区，向北可通达五大湖区。

匹兹堡街景

071

纽约附近 New York & Vicinity

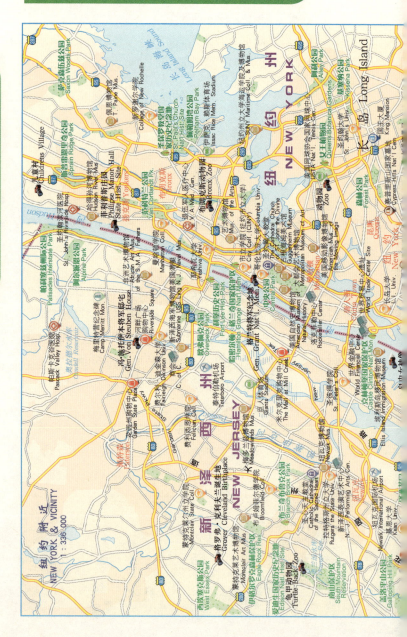

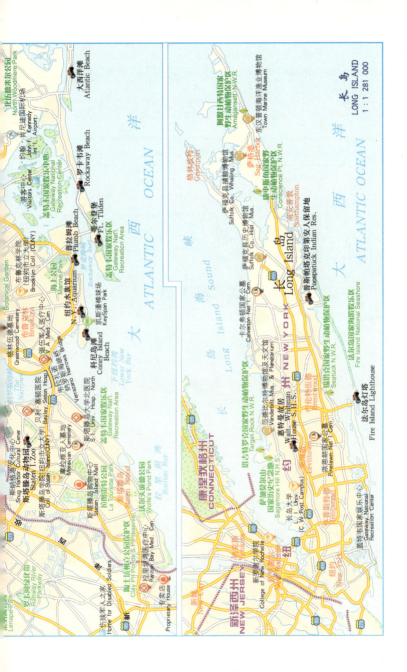

大
西
洋
ATLANTIC OCEAN

海峡 Long Island Sound

长岛 Long Island

纽约州 NEW YORK

康涅狄格州 CONNECTICUT

新泽西州 NEW JERSEY

LONG ISLAND
1 : 1 281 000

大西洋滩
Atlantic Beach

罗卡韦滩
Rockaway Beach

普拉姆滩
Plumb Beach

阿玛甘塞特国家野生动物保护区
Amagansett N.W.R.

东汉普顿海洋业博物馆
Town Marine Museum

萨格港
Sag Harbor

康斯博伦斯
野生动物保护区
Conscence Pt. N.W.R.

格林波特
Greenport

南安普敦
Southampton

普斯帕塔克印第安人保留地
Poospatuck Indian Res.

火岛国家野生动物保护区
Fire Island N.W.R.

西考克野生动物保护区
Seatuck N.W.R.

火岛国家海滨胜地
Fire Island National Seashore

法尔岛灯塔
Fire Island Lighthouse

萨福克县历史博物馆
Suffolk Co. Hist. Mus.

萨福克县捕鲸博物馆
Suffolk Co. Whaling Mus.

卡尔弗顿国家公墓
Calverton Nat'l Cem.

范德比尔特博物馆及天文馆
Vanderbilt Mus. & Planetarium

塔各特罗克国家野生动物保护区
Target Rock N.W.R.

惠特曼故居
W. Whitman
Birthplace N.H.S.

松林国家公墓
Pinelawn Nat'l Cem.

利维敦
Levittown

亨廷顿
Huntington

长岛大学
Univ.
(C. W. Post Campus)

萨加莫尔山国家历史纪念地
Sagamore Hill N.H.S.

新罗谢尔学院
College of New Rochelle

新罗谢尔
New Rochelle

073

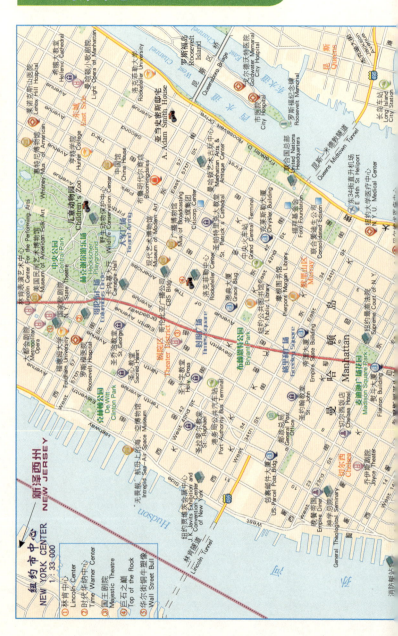

纽约市中心 New York Center

纽约市中心
NEW YORK CENTER
1:33 000

① 林肯中心 Lincoln Center
② 时代华纳中心 Time Warner Center
③ 国王剧院 Majestic Theatre
④ 巨石之巅 Top of the Rock
⑤ 华尔街铜牛塑像 Wall Street Bull

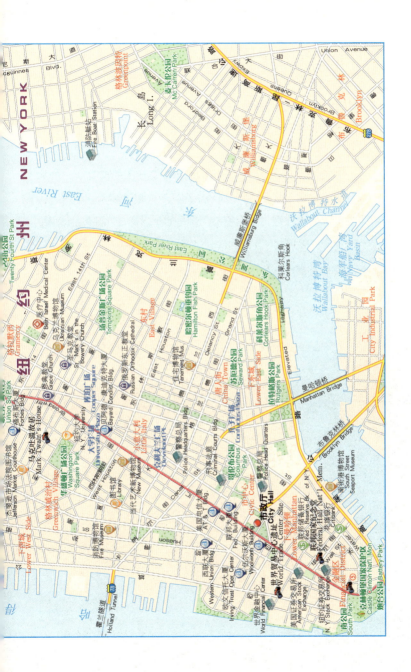

7. 纽约

（1）世界都会

纽约市是美国最大的，也是人口最密集的城市，2012年的人口达到8336697人，分布在784平方千米的土地上（纽约有429平方千米的水面，总面积1213平方千米）。这里人口来源复杂，是世界语言最多样化的城市，800种语言在这里使用，是真正的文化"熔炉"。

联合国总部在这里，使纽约成为外交使团的聚集地，被称为"世界文化之都"。每年到访纽约的游人超过5000万。纽约有世界最大的天然港、金融中心、众多的历史标志性建筑、公园、购物中心、歌剧院、教堂和著名大学。

纽约是美国少数民族最为集中的地区，拥有来自全球180多

纽约夜景

个国家和地区的大量移民，全市人口中有37%为外国移民。全部人口中白人占44%，黑人占25%，亚洲人占13%。犹太人社区是以色列以外犹太人最集中的地区，在纽约的6个华人社区（唐人街）居住着68万华侨。

从第二次世界大战起，纽约就是世界的金融中心，此外也是全美的保险、房地产、媒体和艺术的重镇，国际级的经济、物流、艺术及传媒中心。纽约还是联合国总部所在地，总部大厦坐落在曼哈顿岛东河河畔，世界上很多国际机构和跨国公司的总部都设在纽约，因此被世人誉为"世界之都"。

第二次世界大战之后，纽约超越伦敦主导全球金融，现在纽约、伦敦、香港为世界三大金融中心，它的一举一动无时无刻不在影响着世界。在超过一个世纪的时间里，纽约在商业和金融方面发挥了极为重要的全球性影响作用。

（2）纽约的历史

1602年荷兰派遣英国人亨利·哈得孙前往北美洲找寻新乐土，1609年抵达纽约湾并沿着河流北上，隔年亨利·哈得孙带着北美洲的土产和毛皮回到荷兰，许多荷兰商人对这片拥有丰富资源的土地，产生高度的兴趣并定居于此。荷兰人曾把这里命名为"新尼德兰"（New Nederland），即现在的纽约。

1651年爆发英荷之战，1664年英国打败荷兰，取得"新尼德兰"的领土，成为英国的殖民地。当时正好是英王查理二世的弟弟，约克公爵的生日，于是将新尼德兰改名为新约克郡，作为送给约克公爵的礼物。"纽约"（New York）即意为新约克郡。

英王查理二世的弟弟——约克

17世纪下半叶，纽约人口愈来愈多并成为商业中心，丰富的农产品得以出口，工业制品的进口带动了当地经济的发展，在缺乏劳力的情况下，使得纽约成为黑奴贩卖的市场。在美国建国之初，这里的居民人口迅速增长并超过费城，成为美国第一大城市。纽约曾作为联邦首都，华盛顿是在这里宣誓就任的第一任总统。

（3）纽约的行政区划

纽约行政区划示意图

纽约由五个区组成：布朗克斯区、布鲁克林区、曼哈顿岛、昆斯区和斯塔滕岛。

布朗克斯区

布朗克斯区是纽约五个区中最北面的一个区，拥有更多的公园用地。布朗克斯区被哈得孙河、哈莱姆河和东河三条河环抱，是纽约市唯一与美国大陆相连的区。这里的居民主要以拉丁美洲和非洲后裔为主，失业率和犯罪率都比较高，20%的居民收入在美国的贫困线以下。但同时也是美国嘻哈文化（hip-hop）的诞生地。

布鲁克林区

布鲁克林区是五大区中人口最多的一区，约有250万人。布鲁克林区是原荷兰殖民地所在，因此，也被称为小荷兰。布鲁克林大部地区街道布局像棋盘那样工整有序，许多街名用数

布鲁克林大桥

字命名。布鲁克林对于美国文化的形成贡献巨大，NBA球星迈克尔·乔丹、著名好莱坞电影导演伍迪·艾伦、拳王迈克·泰森、脱口秀名嘴拉里·金等都是在这儿长大的。

布鲁克林区著名的地标为布鲁克林桥。其他特色为其独有的街区文化，这里有布莱顿海滩街的俄罗斯小区、日落公园八大道的中国城，还有诸多意大利区、犹太区和黑人区，以及波兰、捷克、爱尔兰、德国、阿拉伯和波多黎各等许多小区。不出布鲁克林，就可"周游列国"。

曼哈顿岛

曼哈顿岛是纽约的核心，在五个区中面积最小，土地面积仅59.5平方千米。

曼哈顿岛，这个东西窄、南北长的小岛却是美国的金融中心。美国500强公司中，有三分之一以上的总部云居此处，美国最重要的商业、金融、保险机构、7家大银行中的6家，以及各大集团的总部都设立在这里。

纽约洛克菲勒中心

纽约克莱斯勒大厦

在曼哈顿这个狭长的小岛上，从北向南分为上城、中城和下城。

上城的中央公园、大都会艺术博物馆、古根汉博物馆、麦迪逊大道、林肯中心、美国自然历史博物馆以及77街以北的博物馆大道等都是旅游者必看的景点。

中城有鳞次栉比的摩天大楼，如洛克菲勒中心、帝国大厦、克莱斯勒大厦、中央火车站、时报广场，都是不可错过的景点。

中城的摩天大楼彻夜通明，争相辉映。体现了纽约在世界上强大的经济实力，因此曼哈顿中城也被喻为"世界上最好的地方"。

下城则以金融为主，著名景点包括苏活区、纽约证券交易所、世界金融中心、南街海港、格林威治村、炮台公园。在下城区还有一处位于自由岛上的自由女神像。

昆斯区

昆斯区是五个区中面积最大的一区，总面积462平方千米。现今的昆斯区以人口多元著称，游览昆斯区就如同周游世界。在昆斯区220万人口

法拉盛草原可乐娜公园

中，半数为白人，其余为各色各样的少数民族，在他们的聚居地可让您亲身体验各种文化。昆斯区的法拉盛是纽约新的唐人街，在这里您可品尝到各种各样的亚洲美味。

斯塔滕岛

斯塔滕岛是纽约市的一个岛，面积为153平方千米，人口约46.7万，是人口最少的一个区。它拥有众多的历史与文化圣地、

体育场馆和自然景观。而最大的享受来自于乘坐斯塔滕岛渡轮前来这里的旅程。行程20分钟的免费渡轮，每天摆渡往来于曼哈顿下城的乘客，乘客可在其间一览无余地观看纽约港和自由女神像。

（4）著名的曼哈顿第五大道

曼哈顿第五大道

第五大道（5th Avenue）是曼哈顿的南北向干道，南起华盛顿广场公园，北达第142街，在这条街上坐落着美国重要的博物馆、商业机构、名品店、著名的公园和豪华公寓。2012年美国规划协会将第五大道列为"美国最重要的街区"之一。这条大道可以看到两个特征，一是坐落着众多历史性建筑，如被列入"美国国家标志性建筑"的帝国大厦、纽约公共图书馆、熨斗大厦、洛克菲勒中心和圣帕特里克大教堂。另外，第五大道是世界最贵的街区，特别是位于49到60街的名品店地段，是世界租金最高的街区。

在第五大道上，几乎所有世界顶级的奢侈品品牌都能在这里看到，如路易威登、蒂芙尼、阿玛尼、香奈儿、耐克、布拉多等，数不胜数。这里还坐落着洛克泰勒、第五大道萨克斯、第五大道苹果店等。这些名品店不但是商业，更是传奇和故事。

他们中的很多都被列为纽约市的历史性建筑，如伊丽莎白·雅顿大楼、第五大道萨克斯大楼等。

曼哈顿第五大道苹果店

（5）品牌＋品牌，享誉全世界的伊丽莎白·雅顿第五大道香水

这里所说的第一个品牌是"曼哈顿第五大道"商业街的街名，这是一个云集了世界知名品牌的繁华商业街，第二个品牌是香水的名字"伊丽莎白·雅顿第五大道"。

2002年纽约历史建筑保护委员会决定将坐落在曼哈顿第五大道上的689号"伊丽莎白·雅顿大楼"作为纽约的历史建筑。这座大楼的名字是以它创始人的名字而命名的，它已经成为了美国，成了纽约，成了曼哈顿的品牌。

伊丽莎白·雅顿夫人

品牌的创始人伊丽莎白·雅顿来自加拿大的农村，她的信念是"美丽是

伊丽莎白·雅顿第五大道香水

女人天生的权利"。1910年她就在现在的"伊丽莎白·雅顿大楼"里开创了她第一个"红门沙龙",历经百年"红门沙龙"现在已经成为了世界连锁店。

"伊丽莎白·雅顿大楼"并不是什么现代化的大楼,它建于1929年,是一栋只有6层高的老楼,所经营的商品全部是化妆品,但大楼的外观设计却新颖独特,独具匠心。

这个大楼里所出售的商品几乎全部是以这个大楼的名字而命名,只有一种香水是以"伊丽莎白·雅顿第五大道"而命名,据说其淡淡的花香,恰到好处地表达了女性自信、现代、智慧、知性,以及优雅的一面,诠释了香水的优雅、华丽、品味、时尚及活力。

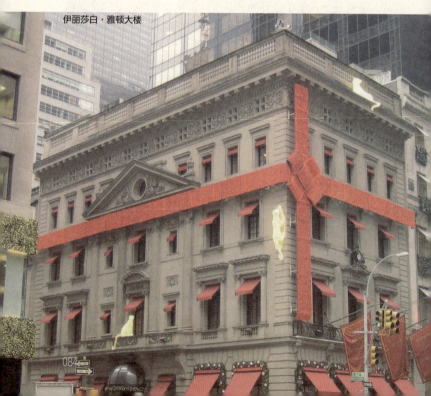
伊丽莎白·雅顿大楼

纽约地铁站外景

纽约地铁进站口

（6）地铁——纽约的血管

纽约地铁是纽约市快速交通运输工具，是世界上最早的城市快速交通系统之一。平日乘客540万人次，周末250～320万人次。

纽约地铁自1904年开始运营，现在共有34条线路、468个车站，其中地上线路约占44%，绝大部分为高架线。

纽约地铁的特点是24小时运营，有些运量较大的线路，还采用3条或4条轨道，实现了快慢车分道行驶，快车行驶于中间轨道，左右两侧留给慢车使用。快车原则上只在转乘站及终点站停，慢车每站停。

纽约的地铁是不安静的，甚至是闹哄哄的。如果你想在美国寻找街头艺人，地铁口无疑是个良好的选择，在这里总能看见来自世界各地的杂耍和其他所谓的街头艺术。

纽约地铁网 New York Subway

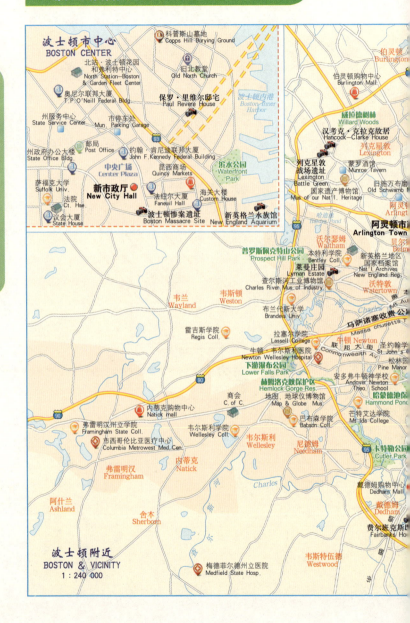

波士顿附近 Boston & Vicinity

波士顿市中心
BOSTON CENTER

科普斯山墓地
Copps Hill Burying Ground

北站·波士顿花园
和兼利特中心
North Station—Boston
& Garden Fleet Center

旧北教堂
Old North Church

奥尼尔联邦大厦
T.P.O'Neill Federal Bldg.

保罗·里维尔邸宅
Paul Revere House

波士顿内港
Boston Inner
Harbor

州服务中心
State Service Center

市停车处
Mun. Parking Garage

邮局
Post Office

约翰·肯尼迪联邦大厦
John F. Kennedy Federal Building

州政府办公大楼
State Office Bldg.

沿水公园
Waterfront
Park

中央广场
Center Plaza

昆西商场
Quincy Markets

萨福克大学
Suffolk Univ.

新市政厅
New City Hall

法纽尔大厦
Faneuil Hall

海关大楼
Custom House

法院
Ct. Hse.

波士顿惨案遗址
Boston Massacre Site

新英格兰水族馆
New England Aquarium

议会大厦
State House

伯灵顿
Burlington

伯灵顿购物中心
Burlington Mall

威拉德树林
Willard Woods

汉考克·克拉克故居
Hancock—Clarke House

列克星敦
Lexington

蒙罗酒馆
Munroe Tavern

列克星敦战场遗址
Lexington
Battle Green

旧施万布磨坊
Old Schwamb

国家遗产博物馆
Mus. of our Nat'l. Heritage

阿灵顿
Arlington

阿灵顿市
Arlington Town

沃尔瑟姆
Waltham

贝尔
Belm

普罗斯佩克特山公园
Prospect Hill Park

本特利学院
Bentley Coll.

新英格兰地区
国家档案馆
Nat'l Archives
New England Reg.

莱曼庄园
Lyman Estate

沃特敦
Watertown

查尔斯河工业博物馆
Charles River Mus of Industry

韦兰
Wayland

韦斯顿
Weston

布兰代斯大学
Brandeis Univ.

马萨诸塞收费站
Mass chusetts

雷吉斯学院
Regis Coll.

拉塞尔学院
Lassell College

牛顿 Newton

联邦大街
Commonwealth Av.

圣约翰学
St. John's C.

牛顿·韦尔斯利医院
Newton Wellesley Hospital

松林园
Pine Manor

下游瀑布公园
Lower Falls Park

安多弗牛顿神学校
Andover Newton
Theo. School

赫姆洛克峡谷饮保护区
Hemlock Gorge Res.

地图、地球仪博物馆
Map & Globe Mus.

哈蒙德池塘
Hammond Pond

内蒂克购物中心
Natick mall

商会
C. of C.

巴布森学院
Babson Coll.

芒特艾达学院
Mt Ida College

弗雷明汉州立学院
Framingham State Coll.

韦尔斯利学院
Wellesley Coll.

韦尔斯利
Wellesley

市西哥伦比亚医疗中心
Columbia Metrowest Med. Cen.

尼德姆
Needham

卡特勒公园
Cutler Park

弗雷明汉
Framingham

内蒂克
Natick

Charles

戴德姆购物中心
Dedham Mall

阿什兰
Ashland

舍本
Sherborn

戴德姆
Dedham

费尔班克斯邸
Fairbanks

波士顿附近
BOSTON & VICINITY
1:240 000

梅德菲尔德州立医院
Medfield State Hosp.

韦斯特伍德
Westwood

塞勒姆国家航海历史文物所
Salem Maritime N. H. S.
塞勒姆医院 Salem Hosp.
皮博迪 Peabody
塞勒姆 Salem
马布尔黑德 Marblehead
塞勒姆州立学院 Salem State Coll.

韦克菲尔德 Wakefield
沃本 Woburn
布里克哈特保护区 Breakheart Res.
索格斯炼铁厂 国家历史纪念地 Saugus Iron Works Nat'l Hist. Site
斯托纳姆 斯通动物园 Stone Zoo
梅尔罗斯 Melrose
林恩伍兹保护区 Lynn Woods Res.
斯旺普斯科特 Swampscott
德弗鲁滩 Devereux Beach

米德尔塞克斯 Middlesex／Pills Res.
切斯特 Chester
劳伦斯医院 Lawrence Mem. Hosp. of Medford
梅德福 Medford
索格斯 Saugus
林恩 Lynn 阿兰蒂凯尔医学中心 Atlanticare Med. Cen.
菲立利普斯滩 Phillips Beach

新英格兰购物中心 New England Shopping Center
林恩市政厅 Lynn C. H.
美国内战邦联伍军人协会博物馆 Grand Army of the Republic Mus.
国王滩 Kings Beach

胡德山公园 Mt Hood Mem. Park
派恩班克斯公园 Pine Banks Park
拉姆尼沼泽保护区 Rumney Marsh Res.
林港 Lynn Harbor
纳汉特滩 Nahant Beach

莫尔登 Malden
莫尔登医院 Malden Hosp.
纳汉特 Nahant

塔夫茨大学 Tufts Univ.
罗亚尔邸宅 Royall House
埃弗里特 Everett
里维尔 Revere
里维尔滩 Revere Beach
黑岩滩 Black Rock Beach
巴斯角 Bass Point

萨默维尔 Somerville
萨福克唐斯赛马场 Suffolk Downs Race Track
里维尔海滩州立保护区 Revere Beach State Reserve
布罗德海峡 Broad Sound

莱斯利大学 Lesley Univ.
会议广场购物中心 Assembly Square Mall
切尔西 Chelsea
新月滩 Crescent Beach

邦克山纪念碑 Bunker Hill Monument
肖特滩 Short Beach

哈佛大学 Harvard Univ.
剑桥 Cambridge
贝尔岛沼泽保护区 Belle Isle Marsh Res.

麻省理工学院 M.I.T.
波士顿 Boston
东北高速路
温斯罗普 Winthrop
温斯罗普滩 Winthrop Beach

马萨诸塞湾 Massachusetts Bay

波士顿大学 Boston Univ.
洛根国际机场 Logan Int'l. Airport

哈佛医学院 Harvard Med. School
波士顿茶叶党船只及博物馆 Boston Tea Party Ship & Mus.
迪尔岛 Deer Island

布鲁克莱恩 Brookline
波士顿会展中心 Boston Conv. & Exhib. Ctr.
波士顿港 Boston Harbor

F.L.奥姆斯特德国家历史纪念地 F.L. Olmsted Nat'l Hist. Site
哥伦布公园 Columbus Park
斯佩克特克尔岛 Spectacle Island
灯塔 Lighthouse
拉弗尔岛 Lovell Island

肯尼迪图书馆和博物馆 J. F. K. Lib. & Mus.
乔治斯岛 Georges Island
沃伦堡 Fort Warren

交通博物馆 of Transportation
马萨诸塞大学波士顿分校 U. of M. at Boston
汤普森岛 Thompson Island
长岛 Long Island

富兰克林公园 Franklin Park
阿博里塔姆 d'Arboretum
月亮岛 Moon Island

兰比公园 Harambee Park
伍拉斯顿滩 Wollaston Beach
昆西湾 Quincy Bay
佩多克斯岛 Peddocks Island

斯通尼布鲁克保护区 ony Brook Res.
尼庞西特河保护区 Neponset River Res.
格雷普岛 Grape Island

米尔顿美术馆 Milton Art Mus.
昆西 Quincy
东拿撒勒学院 Eastern Nazarene Coll.
上内克角 Upper Neck Point

柯里学院 Curry Coll.
米尔顿 Milton
亚当斯国家历史纪念地 Adams Nat'l. Hist. Site
斯纳格港 Snug Harbor

昆西市政厅 Quincy C.H.
美国海军造船厂博物馆 U.S. Naval Shipbuilding Museum
贝尔湾公园 Bare Cove Park

蓝山路旁博物馆 Blue Hills Trailside Mus.
昆西采石场历史诞生地 Quincy Quarries Hist Site
亚当斯诞生地 Adams Birthplace
阿比盖尔·亚当斯诞生地 Abigail Adams Birthplace

蓝山滑雪场 Blue Hills Ski Area
蓝山保护区 Blue Hills Res.
南岸广场 South Shore Plaza
韦莫特 Weymouth

蓝山天文台 Blue Hills Observatory
西尔韦纳斯·塞耶诞生地 Gen. Sylvanus Thayer Birthplace

西洋 ATLANTIC OCEAN

8. 波士顿

（1）见证美国独立战争的城市

波士顿是马萨诸塞州的州府，该州最大的城市，面积232平方千米，人口63万，是美国最古老、最有文化价值的城市之一。

邦克山之战

波士顿建于1630年，是美国历史最久的城市之一。这座城市见证了美国独立战争的许多重要事件，如波士顿的屠杀案、茶叶事件和邦克山之战。

（2）"波士顿"由"镇"更名为"市"

美国独立战争结束后由于波士顿港运送的兰姆酒、盐、鱼和烟草都是欧洲十分需要的商品，所以波士顿迅速地成为重要的港口，财富直线上升。1822年经过公民投票，将"波士顿镇"更名为波士顿市。

波士顿

（3）波士顿新的支柱产业——生命科学和健康

20世纪中叶由于成本的因素许多产业转移出波士顿，经济出现下滑。1957年波士顿成立了波士顿再开发委员会，开始了新的产业建设。1965年建成全美第一个社区健康中心，而后又建成了麻省总医院、妇科医院等健康和医疗机构。这些机构将哈佛大学医学院、波士顿大学和西北大学的最新研发成果应用在临床的实践中，使得生命科学和健康产业成为波士顿新的支柱产业。

在波士顿3630亿美元的经济总量中，传统的贸易和运输业占比17%。特别要说明的是新兴的生命科学与技术迅速发展，已赶上了传统产业。波士顿是吸收美国国家健康协会资助最大的城市，由于"创新精神突出，这里成为吸引风险投资的主要城市。"在这里产业结构的变化得益于传统的教育系统和资源。这里

哈佛大学

麻省理工学院

有著名的波士顿大学和西北大学。城市周边的哈佛大学和麻省理工学院为波士顿提供了人才和创新的支撑。

另外，创新是这里的传统，波士顿有美国的许多第一：第一所公立学校（1635年）、第一个地铁系统（1897年）。

9. 布法罗

（1）游览尼亚加拉大瀑布的必经之地

布法罗坐落在纽约州的伊利湖畔，人口26万，面积136平方千米。布法罗还有一个中文译名：水牛城。据说是源自附近早期法国殖民者

布法罗鸟瞰

的水牛要塞。布法罗与尼亚加拉瀑布构成了布法罗——尼亚加拉瀑布大区，从美国各地到尼亚加拉大瀑布游览要经过布法罗，这是许多游人到访布法罗的重要原因。

（2）两位总统的故乡

布法罗在美国史上小有名气，这里是米勒德·菲尔曼尔和格罗弗·克利夫兰两位总统的故乡。1901年，麦金利总统来布法罗参观泛美博览会，讲演时一名刺客向他开枪，几天后因伤重去世。如今市中心的尼亚加拉广场上立有这位总统的纪念碑。麦金利死后，匆匆赶来的副总统西奥多·罗斯福，就在此地的威尔科克斯宅第宣誓就任总统。这座宅第已作为国家古迹保护起来，并对游客开放。

米勒德·菲尔曼尔

格罗弗·克利夫兰

人文地理

（3）与华盛顿格局设计一样的城市

玛丽娜·米德兰中心大厦

布法罗是近代兴起的城市，城区按首都华盛顿的规划模式而设计，以市中心为原点，呈辐射状，有几条主要街道，城市依河湖之利发展而成。湖滨矗立着高达40层的玛丽娜·米德兰中心大厦，为全市最高的建筑。跨于尼亚加拉河上的和平桥，造型优美，与加拿大的伊利堡相通。位于市内的奥尔布赖特·诺克斯艺术陈列馆，是一座气势宏伟的新古典式建筑，收藏有大量雕刻与当代油画作品，包括毕加索和罗丹这些世界级大师的作品。

（4）美国东北部最佳冬季观光胜地

布法罗以气候的多样性见称，这是源于伊利湖的效应。在东北部所有主要城市中，布法罗的夏天是最干燥和日照最丰富的，6、7、8三个月可吸收全年65%的日照，但雨量充沛，足以保持植物青绿繁茂，令夏末天气颇为潮湿。

由于风带来的湖水湿气，布法罗夏天的最高温度从没有超过100华氏度（37.8摄氏度），即便如此，很多居民安装空调并开挖游泳池，令满以为那里只有冰雪的旅客大吃一惊。

春秋的过渡期很短，当地冬天的确比其他地区长，11月中旬到次年的3月中旬。由于伊利湖的影响，平均降雪比多数北方城市多，特别是在1月中旬封湖之前。但中间也有不少和缓的日子，不时还有降雨。市南郊的降雪量比市区多一倍，这使得位于南郊的滑雪场更加迷人，布法罗也因此成为了美国东北部最佳冬季观光胜地。

布法罗伊利湖

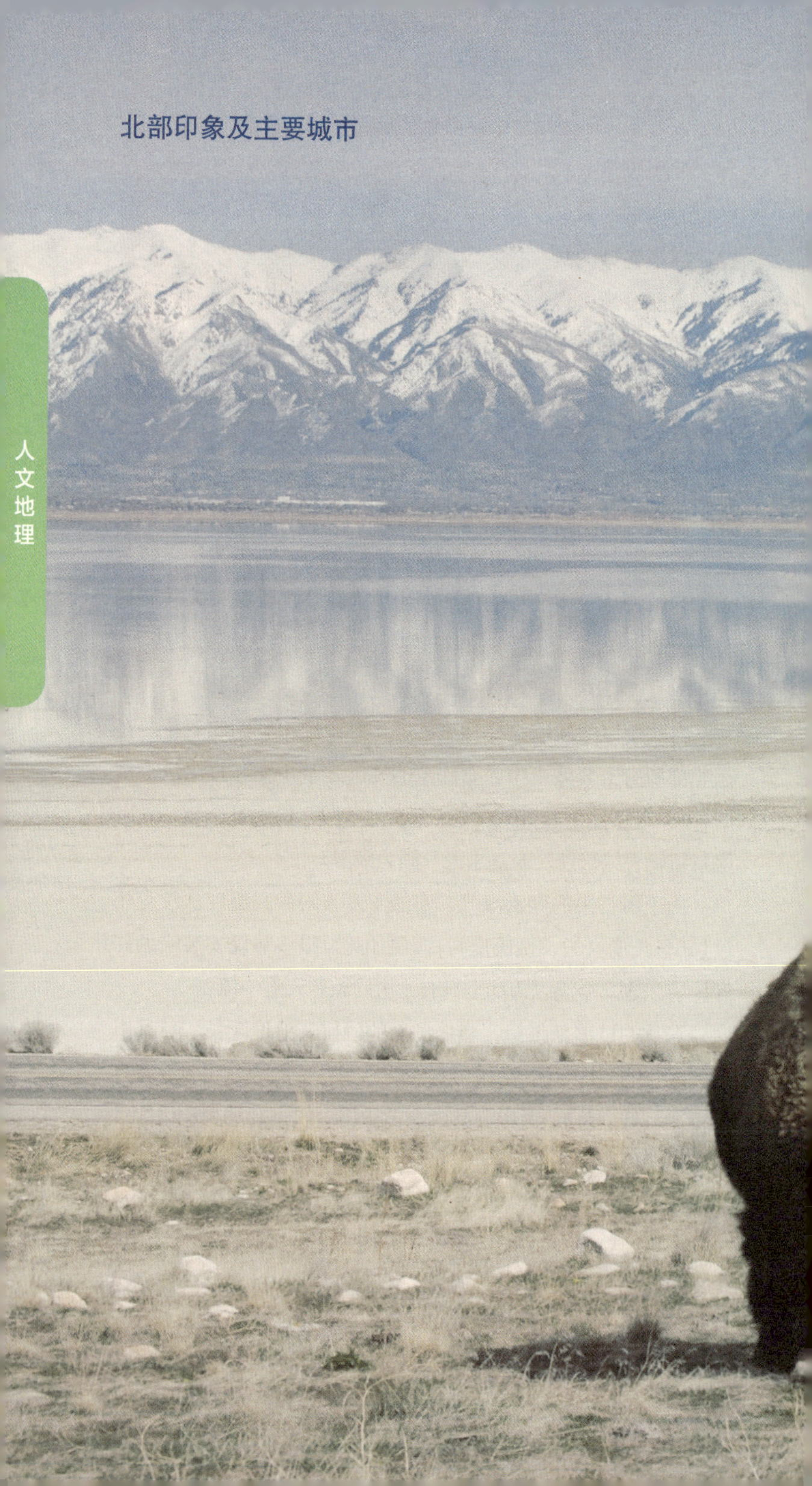

在美国北部游览，最重要的是感受自然创造的美丽和气魄，在这里观赏到的景物没有人工雕琢的痕迹，而是大自然的天工之作。无论是约翰德古化石国家保护地里雄伟的奇石、黄石国家公园内壮观的天然喷泉，还是大盐湖平静的湖水、犹他国家公园里色彩斑斓的岩石、密歇根湖中跌宕的波涛，都具有天然自得的美丽神韵。

雪山牦牛

1. 俄勒冈州

俄勒冈州在美国的位置

（1）太平洋沿岸的州

俄勒冈州在美国西北部，太平洋沿岸。北部是华盛顿州，南部是加利福尼亚州，东南与内华达州接壤，东部与爱达荷州相邻。面积255036平方千米，人口3899353，州府塞勒姆市，波特兰是该州最大的城市。

（2）美国第一大软木原木的产地

俄勒冈州自然环境优良，森林资源丰富，道格拉斯松是俄勒冈州的州树，也是主要的原木产品。俄勒冈州是美国第一大软木原木的产地，2011年达1400万立方米。

道格拉斯松

（3）世界四大榛子产地之一

优质的土壤和水质，使俄勒冈州有许多优质的农产品。俄勒冈州是世界四大榛子产地之一，95%的美国本土榛子出产于此地。

（4）莓子的家乡

俄勒冈州是各类莓子的种植地，每年产各类莓子1800多万公斤。其中蔓越莓的种植面积达110万平方千米，产量占全美7%。

蔓越莓

（5）酿酒业的故乡

俄勒冈州酿酒业发达，各类酒厂300多个，排名全美第三，拥有各类个性化的啤酒和果酒。

（6）天然氧吧

俄勒冈州森林覆盖率高，被称为"天然氧吧"。有著名的美国国家公园——绮丽湖、约翰德古化石国家保护地，还有州内最高的胡德雪山。

美国国家公园——绮丽湖

2. 盐湖城

（1）摩门信徒建立的城市

摩门圣殿

盐湖城是犹他州的首府，位于美国犹他州大盐湖东南20多千米的谷地，面积285平方千米，人口约19万。这座城市是1847年由杨百翰和其他的摩门信徒建立的，是他们由美国东部向西迁移的终点。1847年在这里决定建立新教堂——摩门圣殿。1853年开始动工，历经40年，于1893年完工。此后，这座圣殿成为摩门教徒最重要的宗教聚会和活动的场所。

（2）因湖而得名的城市

盐湖城高出海平面1320米，城市因湖而得名。大盐湖是美国除五大湖之外的最大的湖，面积4400平方千米（水域随水量的多少而变化），盐度由5%到27%不等。

2002年，盐湖城被选定为第十九届冬奥会的举办地。这里环境优美，四季景色各具特色，或树木丛生，或姹紫嫣红，或白雪皑皑；令人心旷神怡。盐湖城位于高原雪山的边沿，即便在夏季，周边的山巅也是白雪皑皑，所以

大盐湖

白雪是该城的象征，是滑雪爱好者的梦想天堂，也是它的独特和梦幻之处。户外运动已成为了盐湖城的名片和主题。在这里每年都举办全美的户外运动器材和产品展，是美国户外运动最大的销售展，许多中国的厂商和出口商都来参加这个展览。

不论是文艺复兴风格的州议会大厦，还是具有鲜明特色和历史痕迹的总督府，都在向人们诉说着盐湖城的历史，是您了解盐湖城历史的地方。

（3）盐湖城公共图书馆——全美最佳图书馆

盐湖城公共图书馆坐落在市中心，是美国图书馆协会评定的全美最佳图书馆。在那里能看到中国文化的要素。在盐湖城和整个犹他州，汉语学习和汉学研究是受到大家欢迎和政府支持的。当地中小学就开设汉语课程，并将汉语教学列入犹他州教育体系。

3. 怀俄明州

（1）美国成立较晚的一个州

怀俄明州位于美国的西北部，面积253，348平方千米，州府是夏延，人口57万，其中90%以上是白人。怀俄明州是在1848年美国——墨西哥战争后才成为美国一部分的。

怀俄明州在美国的位置

（2）利用煤层气最早的州

怀俄明州的自然资源丰富，有煤炭、天然气、铀和天然碱。煤的年产量3.5亿吨，天然气产量位居美国第二，天然碱的产量占世界的25%。特别要说明从20世纪90年代起在怀俄明州就开始了煤的清洁利用——煤层气，用打井的方式从煤矿中提取甲烷气体，经过滤提纯后作为类似天然气的清洁能源使用。在2002年煤层气的产量已达到93亿立方米。

（3）拥抱世界第一个国家公园之州

旅游产业也是怀俄明州的经济支柱，坐落在该州的世界第一个国家公园——黄石国家公园更使这里成为了旅游者们追寻的目的地。来该州的旅游者大都在短暂停留后进入黄石国家公园，这个自然的生命与风光的家园。

4. 丹佛

（1）一英里高的城市

丹佛市是科罗拉多的州府，面积400.1平方千米，人口64万。地理上丹佛坐落在西部的落基山脉脚下和东部的平原之间，一年四季气候变化明显，城市高于海平面1560-1730米，所以丹佛有"一英里高的城市*"别称。

丹佛市一瞥

（2）美国民主党的传统基地

丹佛是美国民主党的传统基地，历史上1908年和2008年民主党在这里举办全国大会。2008年是奥巴马作为民主党候选人并赢得大选的年份，他最后的提名就是在丹佛。

（3）西部开发黄金潮的采矿城市

丹佛市建立于1858年，是西部开发黄金潮的采矿城市。1870年连接美国东西部的铁路——太平洋铁路通到了丹佛，使丹佛可以用铁路与各地相连，丹佛迅速地成为物资供应的运输中心，也带来了不同国籍劳工的涌入。目前在丹佛的常住人口中，白人52%，拉丁种族32%，黑人10%，亚裔只有4%。

（4）连接美国西、北的交通要塞之城

2010年丹佛的经济总量为1576亿美元，主要是受益于丹佛的地理位置和交通的便利性，丹佛是连接美国北部城市芝加哥、圣路易斯通往西海岸洛杉矶和圣迭戈的要道。

（5）大集团总部集中之城

丹佛是美国一些大集团的总部城市。阿瓦达集团是纽约主板上市公司，在全美的44个州拥有或管理870个社区，其总部设在丹佛；世界最大旅行箱包生产公司——新秀丽，1911年在

---

*一英里=1.609344千米

丹佛创办，是这里最大的雇主之一，由于股东的变动，2006年迁出；美国啤酒的大品牌——COORS的总部设在丹佛，他们使用落基山脉的泉水酿造优质的啤酒。

丹佛的经济同时也受益于联邦政府的关注，这里有联邦政府的造币厂，也有对新兴经济十分重要的可再生能源的国家实验室。

（6）美丽的花园城市

丹佛是个美丽的花园城市，200多个公园错落有致地分布在城市的各个角落，有微型的迷你公园，也有占地1.2平方千米的城市公园。市内有29个娱乐中心为居民提供文化、音乐和艺术服务。

（7）落基山区的名牌大学

丹佛大学是落基山区最老、最大的四年制私立大学，成立于1864年。丹佛大学的学生来自全美和将近100个国家，拥有将近9000名学生，包括5000名大学生以及6000名研究生。在丹佛大学可以体验到世界各地的文化。丹佛大学担负了许多区域性发展的课题，丹佛大学所属的丹尼尔商学院是美国8个最老的大学商业学院之一。

（8）丹佛国际机场——美国面积最大的机场

丹佛国际机场按其面积是美国最大的机场，占地137平方千米，比纽约的曼哈顿还大。2008年进出旅客达5100万，是世界最繁忙的机场之一。

丹佛国际机场

芝加哥市中心 Chicago Center

芝加哥市中心
CHICAGO CENTER
1:44 000

公园 Oz Park
路德教总医院 Lutheran General Hospital
文化艺术中心 Cultural Arts Center
林肯公园 Lincoln Park
圣德肋撒修道院 St. Theresa Convent
皇家乔治剧院 Royal George Theatre
圣米歇尔教堂 St. Michaels Church
林肯纪念碑 Lincoln Mon.
第二大城市剧院 Second City Theatre
林肯公园动物园 Lincoln Park Zoo
"信不信由你"博物馆 Ripl Believe It or Not Mus.
圣克里索斯托教堂 St. Chrysostom's Church
旧城区 Old Town
斯旦顿-希勒公园 Stanton-Schiller Park
圣保罗第一教堂 First St. Paul's Church
伯拉斯凯公园 Pulaski Park
圣约瑟夫教堂 St. Joseph's Church
升天教堂 Church of the Ascension
近北区 Near North
纽贝里图书馆 Newberry Library
约翰·汉考克中心 John Hancock Center
华盛顿广场 Washington Square
湖滨区 Lake Park
埃克哈特公园 Eckhart Park
芝加哥水塔 Water Tower
西北大学艺加哥分校 Northwestern Univ. (Chicago)
圣詹姆斯教堂 St. James Cathedral
俄亥俄街 Ohio Street
芝加哥当代艺术博物馆 Chicago Mus. of Contemporary Art
时代生活大楼 Time Live Bu
圣母升天教堂 Assumption Church
里格利大厦 Wrigley Bldg.
儿童博物馆 Children's Mus.
商业贸易中心 Merchandise Mart
玛丽娜城 Marina City
迪尔佰恩堡残赛旧址 Site of Ft Dearborn Mas
尤宁公园 Union Park
芝加哥剧院 Chicago Theatre
美国石油公司 Amaco Building
市厅和县政府大厦 City Hall and County Bldg.
卢普区 Loop
市中心 Civic Center
格兰特公园 Grant Park
市歌剧院 Civic Opera House
圣彼得教堂 St. Peters Church
芝加哥游艇俱乐部 Chicago Yacht Cl
国家第一银行 First Nat'l. Bank
西尔斯大厦 Sears Tower
芝加哥艺术学院 Art Institute of Chic
艾森豪威尔西高速公路 W Eisenhower Expressway
德保罗大学 De Paul Univ.
林肯塑像 Lincoln Statue
白金汉喷泉 Buckingham Fountain
赫尔大厦 Jane Adams Hull House
中西部证券所 Midwest Stock Exchange
美国海关 U S Customs House
斯佩特斯犹太文化博物馆 Spertus Museum
圣卡布里尼医院 St. Cabrini Hospital
哥伦布纪念碑 Columbus Mem.
伊利诺伊大学医院 University of Illinois Hospital
伊利诺伊大学芝加哥分校 University of Illinois at Chicago
谢德水族馆 John G. Aquariu
伊利诺伊州精神病研究所 Illinois State Psychiatric Inst.
菲尔德自然史博物馆 Field Museum of Natural History
亚当斯公园 Addams Park
库克县巡回法院 Circuit Court of Cook County
索尔哲运动场 Soldier Field
美国警察中心及博物馆 American Police Center and Museum
南卢普区 South Loop
德沃夏克公园 Dvorak Park
芝加哥技术学院 Chicago Technical College
唐人街 China Town
麦科米克北展览大厦 Mc Cormick Place North
伯纳购
Burnhar

芝加哥鸟瞰

5. 芝加哥

（1）美国的第三大城市

芝加哥位于美国东北部的伊利诺斯州，是美国仅次于纽约和洛杉矶的第三大城市，面积606平方千米，人口270万。芝加哥于1837年建市，并

芝加哥一瞥

在之后的几十年中是世界成长最快的城市。芝加哥的旅游业发达，是城市经济的一个重要的来源。2012年来访的游客达4637万人，其中外国游客1092万，在其5710亿美元的经济总量中占有不可或缺的地位。

（2）世界"期货市场"的基地

芝加哥是世界级的金融中心，拥有美国第二大的商业街区，是世界"期货市场"的基地，如芝加哥股票市场、期权市场、芝加哥商品市场，近年来还有了"芝加哥气候交易市场"，可进行碳排放的交易。

（3）众多商业机构的母港

波音公司总部

芝加哥是众多商业机构的母港。如波音公司、卡夫食品、麦当劳和摩托罗拉的总部都在这里，这些总部都设在遍布城市的摩天大楼里，所以芝加哥摩天大楼的数量仅次于香港和纽约。

（4）两届美国总统的幸运之城

1860年，林肯在芝加哥的共和党全国大会上被提名为总统候选人，进而赢得了总统选举。2008年，奥巴马和家人在芝加哥选区投票，击败了共和党的对手，成为美国第一位黑人总统。

（5）"蓝色爵士乐"的摇篮

音乐是芝加哥这座城市的一部分，室内现场演唱更为芝加哥增添了活力。爵士乐起源于美国南部的棉花农场，是当时黑奴的劳作之曲，据说是西非的节奏和音符。而在这里室

蓝色爵士乐

内爵士乐的现场演出已成为芝加哥的传统和文化遗产，并且给这个有100年历史的忧郁音符增添了色彩——蓝色（Chicago Blues）。这是城市摇滚，是工业时代，特别是大萧条后的"工业忧郁"之声。到芝加哥的游人都要找机会欣赏和体验一下芝加哥的爵士乐和它的色彩。

（6）芝加哥的荣耀——西麦迪逊大街1901号

西麦迪逊大街

之所以说西麦迪逊大街1901号是芝加哥的荣耀，那是因为这里是世界著名的芝加哥公牛队所在地。

芝加哥公牛队绝对是在全球拥有最高知名度的NBA球队。因为"飞人"迈克尔·乔丹——NBA历史上最伟大的球员，早已把身披公牛队23号球衣、轻灵而又霸气十足的身影，定格在每一个球迷脑海里。

6. 底特律

（1）汽车之城

底特律又称汽车之
城，是美国密歇根州最
大的沿河港口城市，城
市得名于连接圣克莱尔
湖和伊利湖的底特律河。

底特律在美国的位置

底特律面积370平方
千米，人口68万。1896
年，当福特生产的第一辆
汽车下线时，底特律便走
上了汽车之都的道路，所
以底特律又被称作"摩城"。

圣克莱尔湖

美国三大汽车公司，通用、福特和克莱斯勒的总部均设
在这里。这座城市是汽车产业兴与衰的见证。20世纪50年代
汽车产业的巅峰期，底特律的人口达到180万，而现在的人口
已下降了60%，在美国的城市排名由第十大城市落到了第十八
位。房地产业也受到了人口外流的冲击，在这座城市可以看到
被废弃的汽车工厂和上万栋被废弃了的住宅。2013年7月18日
底特律市政府由于不能偿还185亿美元的负债而申请破产保护，
2013年12月5日被美国联邦法官判定破产，成为美国历史上最
大的城市破产案。

底特律

人文地理

106

（2）底特律的历史与建筑

底特律不但汽车闻名遐迩，它的建筑也记载收藏了属于自己的历史，在底特律有1873年建成的圣·约瑟夫天主教教堂，这是美国最古老的天主教教堂之一，是底特律的历史标志建筑；有"后现代"风格的美国国家历史建筑，建于1923年的凯迪拉克宫；有建于1928年的费歇尔大厦和"卫士"摩天大楼；有位于底特律河边的"文艺复兴中心"大楼，该大楼是通用汽车公司的总部，站在楼上可以遥望河对岸加拿大温莎大区。

底特律隔底特律河与对面加拿大的温莎相望，组成了底特律——温莎大区，覆盖了15000平方千米的地区和570万的人口。

圣·约瑟夫天主教教堂

通用汽车文艺复兴中心

底特律的历史建筑

人
文
地
理

在美国南部旅行，经常会遇到这样的问题：看到沙漠中巨型仙人掌，让人产生地理上的错觉，还有许多不是英文的地名，讲西班牙语的人比讲英语的人多，鸡尾酒（玛格丽特）也是墨西哥风格的，等等。因为从自然地理位置上来讲，美国南部的四个州和墨西哥接壤，五个州面临墨西哥湾，最南的佛罗里达州和巴哈马群岛隔海相望。从历史的角度上来讲，美国的许多土地曾经是墨西哥的领土，所以美国南部与墨西哥和加勒比地区有着千丝万缕的联系，也是不同民族、习惯、语言和文化交融最多的地区。

佛罗里达 坦帕沙滩

1. 菲尼克斯

（1）在废墟中诞生的城市

菲尼克斯是亚利桑那州的首府和最大的城市，面积1338平方千米，人口约145万。这座城市建于19世纪的中期。菲尼克斯的英文是Phoenix，凤凰，寓意是在过去文明的废墟

菲尼克斯

中诞生的新城。菲尼克斯原本是个农业城市，在第二次世界大战中由于大量集中和运输军用物资和补给而转型成为配送中心，到今天仍然是美国空军的重要基地城市。"物流"（logistics）这个词就是源于这里军事后勤管理。2008年开始的金融危机重创了菲尼克斯的建筑和地产业，平均房价跌了一半，旅游业成为了支柱产业。

（2）沙漠之城

菲尼克斯属热带沙漠气候，气候干燥，年平均气温居全美主要城市之首，时有季节性沙尘暴危害。

索尔特河

虽然菲尼克斯气候干燥，但城市南边的索尔特河给这个城市带来了生命的活力，西面和南面都是郁郁葱葱的森林，群山环绕的绿洲又赢得了河流的青睐，所以这里灌溉便利，

凤凰城的沙尘暴

肥田绿野。因此不要阻挡了您来菲尼克斯的脚步，这里有令人赞赏的大峡谷、一望无际的沙漠、形态多样的岩石、湛蓝的湖水，还有种种奇妙景色，都使菲尼克斯散发出迷人的魅力。

2. 图森

（1）亚利桑那州的第二大城市

图森坐落在亚利桑那州的东南，距墨西哥边境97千米，是该州的第二大城市，面积588平方千米，人口52万。

图森在美国的位置

（2）沙漠绿洲

沙漠绿洲图森

美国国家航空航天局地球观测站曾经公布了一组卫星照片，展示了美国亚利桑那州菲尼克斯都会区的沙漠绿洲景象。来到美国的亚利桑那州，如果你想观赏到壮阔的沙漠景象，又不想错过沙漠绿洲的奇观，那就一定要到图森去看一看。

图森地处沙漠河谷和连绵不尽的山脉之中，气候温和干燥、阳光充足，有"沙漠绿洲"之称。这座城市在发展中最大的挑战是水源，在过去的100年中地下水的开采已经透支了。亚利桑那州政府出资的CAP（引水）项目，从2001年起，引用480千米以外科罗拉多河的水，回灌到地下，用以恢复地下水位。

（3）滑雪登山的理想之城

被称为"沙漠绿洲"的图森，虽说是沙漠城市，但是临圣克鲁斯河，环山带水，环境相当优美。位于城郊的莱蒙山滑雪谷地，冬季是滑雪的好去处。在温暖无雪的季节，又成

莱蒙山滑雪谷地

了登山爱好者的好去处，每年都吸引了众多游客，通往莱蒙山的盘山道上，骑登山车的、骑摩托车的、自驾的游客络绎不绝。

3. 达拉斯

（1）美国牛仔之城

达拉斯被称为美国的牛仔城，是得克萨斯州第三，美国第九大的城市，建于1856年。城市面积999平方千米，人口124万。它与沃斯堡、阿灵顿共同组成达拉斯—沃斯堡—阿灵顿城市群，覆盖12个县，是美国第六大城市群，经济总量达4200亿美元。

斗牛

（2）孤星之旗

在达拉斯和得克萨斯州可以看到和其他州不同的场景，得州州旗和美国国旗在同一个高度飘扬，议会大厦北门飘扬的是得州州旗，南门飘扬的是美国国旗。

得州的州旗有兰、白、红三色，只有一颗星，代表得克萨斯从墨西哥剥离后的独立性。这面旗曾于1835年被确定为得克萨斯共和国的国旗。1845年得克萨斯并入美国，成为美国第28个州，此后，该旗成为了得克萨斯州的州旗，并于1933年得到了得州州旗法的确认。

得州议会大厦

得州的州旗

人文地理

（3）美国内陆工商业和金融中心

位于美国内陆的达拉斯，是重要工商业和金融中心，石油和棉花是达拉斯的传统产业，现在工业门类繁多，电子、电器、飞机等新兴工业，以及纺织、服装、食品、农业机械等传统工业均颇具规模。

（4）达拉斯—沃斯堡机场——得克萨斯州最繁忙的机场

达拉斯—沃斯堡机场，是得克萨斯州最繁忙的机场。以客运量计，是世界第七大机场，就占地面积而言，是全美第二、世界第四大机场，仅次于丹佛国际机场。在这个比曼哈顿岛还大的机场上，每天有2000多班次起落。

达拉斯—沃斯堡机场

（5）文化、艺术和购物的天堂

达拉斯以文化和艺术活动著称，位于市中心北面的达拉斯艺术区，是美术和表演艺术家聚会的地方，有贝聿铭设计的迈耶森交响乐中心，以及多个剧院和表演艺术中心。

贝聿铭设计的迈耶森交响乐中心

达拉斯是购物狂的天堂，它的服装产业发达，有比其他美国大城市密度还高的购物中心；逛街累了，这里也有令人眼花缭乱、口味风格多样的餐厅，达拉斯的餐厅密度，甚至比纽约市密度高四倍。

休斯敦 Houston

休斯敦
HOUSTON
1:270 000

国家葬礼历史博物馆
National Mus. of Funeral History

威洛布鲁克购物中心
Willowbrook Mall

格林波因特购物中心
Greenspoint Mall

萨姆休斯敦赛马场
Sam Houston Race Park

休斯敦国家墓地
Houston Nat'l. Cem.

西北高速公路
N.W. Frwy.

怀特橡树溪

贝尔河公园
Bear Cr. Park

阿迪克斯保护区
Addicks Reservoir

阿迪克斯-萨塔马路
Addicks-Satsuna Rd

萨姆休斯敦收费路
Sam Houston Tollway

安托万万路
Antoine Dr.

诺斯莱恩购物中心
Northline M

北环路
North Loop

古董车博
Antique Car

西北购物中心
Northwest Mall

市政
City

市购物中心
Memorial City Mall

赫德威格村
Hedwig Village

自然中心
Nature Center

纪念公园
Mem. Park

河湾收藏馆
Bayou Bend

圣托马斯大学
Univ. of St. Tho

康帕中心
Compaq Center

布斯特海默路
Westheimer Rd.

美术馆
The Galleria

休斯敦美术馆
Mus. of Fine Arts, Houston

西奥克斯购物中心
West Oaks Mall

夏普斯敦中心
Sharpstown Center

赖斯大学
Rice Univ.

动
Zo

贝莱尔大道

贝莱尔 Bellaire
Bellaire Bl.

得克萨斯医疗
Texas Med. Cen

冒险湾水上公园
Adventure Bay

休斯敦浸礼会大学
Houston Baptist Univ.

里赖恩特帕克
Reliant Park

韦斯特伍德购物中心
Westwood Mall

西南高速公路
Southwest Frwy

六面旗宇宙世界公园
Six Flags Astro World

舒格兰
Sugar Land

主街
Main St.

阿尔梅达路
Almeda Rd.

南部历史博物馆
Mus. of Southern History

第一殖民地购物中心
First Colony Mall

默瑟体育馆
Mercer Stadium

得克萨斯大道
Texas Pkwy

萨姆休
Sam Ho

汤姆巴斯区公
Tom Bass Reg

密苏里城
Missouri City

① 梅尼尔收藏馆
Menil Collection

② 布法罗美国黑人士兵博物馆
Buffalo Soldiers Nat'l. Mus.

③ 自然科学博物馆
Mus. of Natural Science

人文地理

114

乔治布什洲际机场
ge Bush Intercontinental Airport

汉布尔博物馆
Humble Historical Museum

休斯敦湖
Lake Houston

亚历山大·多伊森公园
Alexander Deussen Park

Hails Bayou

德怀特·艾森豪威尔公园
Dwight D. Eisenhower Park

休斯敦汽车运动场赛道
Houston Motorsports
Park Speedway

谢尔登水库
Sheldon Res.

谢尔登湖州立公园
Sheldon Lake S.P.

克罗斯比高速公路
Crosby Frwy

Homestead Rd

安霍伊塞布希啤酒公司
Anheuser-Busch Brewery

哈辛托城
Jacinto City

东休斯敦医疗中心
Columbia E
Houston Med. Cen.

钱纳尔维尤
Channelview

inute-Maid Park
nv Cen

休斯敦港集装箱码头
Port of Houston Turning Basin

East Loop

Green

圣哈辛托古战场
San Jacinto
Battleground S.H.P.

萨斯南部大学
s Southern Univ.

加利纳帕克
Galena Park

Buffalo

Bayou

休斯敦大学
of Houston

格尔夫盖特购物中心
Gulfgate Mall

South Loop

拉波特高速公路

帕萨迪纳历史博物馆
Pasadena Hist. Mus.

La Porte Frwy

迪尔帕克
Deer Park

道帕克植物园
Dow Park Botanical Gardens

南休斯敦
South Houston

帕萨迪纳城镇广场
Pasadena Town Sq.

帕萨迪纳
Pasadena

帕萨迪纳展览场
及罗德奥展览场
Pasadena Fairground
& Rodeo Grounds

威廉·霍比机场
William P. Hobby Airport

费尔蒙特大道
Fairmont Pkwy

哥伦比亚贝肖尔医疗中心
Columbia Bayshore Med. Cen.

阿尔梅达购物中心
Almeda Mall

埃灵顿机场
Ellington Field

阿曼德河自然中心
Armand Bayou Nature Center

矾石公园
The Reef

收费路

埃尔佛朗哥利公园
El Franco Lee Park

休斯敦大学明湖分校
Univ. of Houston-Clear Lake

皮尔兰
Pearland

Gulf Frwy

弗伦兹伍德
Friendswood

林登·约翰逊航天中心
L.B.J. Space Center
休斯敦太空中心
Space Center Houston

百老汇街

Broadway

St

贝布鲁克购物中心
Baybrook Mall

艺术联盟中心
Arts Alliance Ctr

4. 休斯敦

（1）石油之城

休斯敦是得克萨斯州最大的城市，建于1837年，面积1625平方千米，人口214万。1901年在这里发现了石油，石油和能源成为了这个城市的主题。

休斯敦在美国的位置

市郊周围井架林立、油管纵横，特别是墨西哥湾沿海蕴藏着极丰富的石油。作为美国石油工业和石化工业的中心，休斯敦每天可炼原油334.7万桶，占得克萨斯州的85.1%，全美国的21.7%。原油和油品通过管道输往加利福尼亚、东北部和五大湖工业区。休斯敦石化产品年出口额接近28亿美元。石化和石油产业装备在4490亿美元的经济总量中占十分重要的地位，是整个城市出口额的三分之二。

美丽的休斯敦

（2）休斯敦港对休斯敦经济的影响

1914年休斯敦深水港——休斯敦港开通，在两次世界大战中发挥了重大作用。这个港口对战后休斯敦经济的拉动起到关键作用。现在休斯敦港的散货吞吐量已经超过纽约，成为第一大港。从上世纪90年代休斯敦开始了经济产业的多样化，产生了两个最重要的产业：生命科学和航天产业。

（3）美国医疗研究机构集中的城市

休斯敦是得克萨斯医学
中心的所在地，在这个中心
有49个会员机构，是世界上
最密集的健康和生命科学研
究机构的集成。这座城市有
13个全科医院、两个专科医
院、两所医学院和四所护理

休斯敦赫曼纪念医院

学院，以及牙科、药学等专门的研究和教育机构。从事与医学
相关工作的职业人群达76000人，是实施世界器官移植和心脏
手术最多的地方。

（4）航天之城

占地6.6平方千米的林登·约翰逊航天中心，由110多栋建
筑组成，是美国航空航天管理局（NASA）的载人航天控制中
心，组建于1961年。这是"阿波罗"计划和航天飞机项目的基
地，载人航天是这个中心的主题。目前航天技术在其他领域也
同样得到广泛的应用，如生命科学、农业、通讯等领域。

休斯敦以不断创新的方式发挥着独特的优势，也在调整产
业结构，同时也为社会创造了就业机会。这座城市被评为全美
创造就业的最佳之城。

林登·约翰逊航天中心

5. 迈阿密

（1）亲水的城市

迈阿密位于佛罗里达州的东南部，大西洋沿岸的比斯坎湾，人口41万，是一个港口、商业运输中心，更是一个世界闻名的旅游胜地。迈阿密拥有美丽的沙滩，外围坐落着呈弧形分布的岛链。

迈阿密大部分地区的平均海拔约0.9米，除城市的东南面向大西洋外，城市内还有众多的河流和湖泊，城市143平方千米的面积中水面面积为51平方千米，整个城市沐浴在水的秀美之下。所以说迈阿密是一个水的城市。

（2）美洲最干净的城市

迈阿密四季如春，盛产热带水果蔬菜，所以这里的旅游没有淡季。美丽迷人的海滨浴场、热辣的阳光、延绵的细沙、全球最性感的沙滩，都是旅游休闲的最佳去处。

清爽的空气，碧空如洗的天空和白云，海浪里戏水的一群

美丽的迈阿密

迈阿密海滩

群海鸥，沙滩上觅食的海鸥和随处可见的比基尼女郎、冲浪酷男，构成了一幅幅美丽的画面。沿岸上灯火辉煌的豪华酒店、棕榈林间耸立的摩天大楼等，无一不显示着迈阿密的绚烂与奢华。2008年《福布斯》对迈阿密的评价是"美洲最干净的城市"。

（3）多民族文化相融的城市

美国的独立开启了美国版图西扩和对印第安部落的持续战争。在文化大熔炉的美国南部，不管是美国人民为了夺回自己的领土（佛罗里达对西班牙进行的军事行动），还是在1829年安德鲁·杰克逊就任美国总统，并于1830年开始实施印第安人的迁移法，都让这个国家的南部染上了不同的历史文化色彩。

1991年，海地政变让大量海地难民涌入，这让有着大量说西班牙语的迈阿密又添加了一个新的语种——海地克里奥尔语，这种语言后来还出现在了公共场所和选票上。不仅如此，阿根廷人、巴西人、墨西哥人、秘鲁人、牙买加人、法国人、俄罗斯人、萨尔瓦多人等等合法的或非法的移民在迈阿密都有众多的数量，形成了一个民族文化大熔炉。

6. 迈阿密海滩

（1）胜似加勒比风光的城市

迈阿密海滩市每年吸引着成千上万的游客前往度假，由于它离巴哈马只有约80千米，距加勒比海沿岸国家和地区也都比较近，文化习俗方面与中南美洲和加勒比海地区密切相连，处处充满着浓浓的拉丁风情，这里渐渐成为了加勒比风格的新的旅游热点。

迈阿密海滩市属于热带季风气候，夏季炎热、冬季温暖，是美国有记载的全年没有下过雪的地点之一。虽然地处大西洋与墨西哥湾汇合处，但却很少遭受猛烈的飓风和热带风暴的袭击，漫步在沙质细软的海滩上，听着海鸟的鸣叫声，高大的棕榈树在海风的吹动下发出沙沙的声音，抬头远眺碧蓝的天空，轻嗅着来自加勒比海的海风，是一种极大的享受。

来迈阿密海滩市，最不能错过的就是每年12月初举办的迈阿密海滩艺术节了，作为一个集工艺美术展览和文艺演出于一体的综合性职业艺术节，在过去的十几年里，它吸引着几万名游客来此观赏。摄影、绘画、陶器、雕塑、珠宝展、热情奔放的拉丁舞蹈、怀旧色彩浓厚的爵士音乐……每年的艺术节都使迈阿密海滩成了艺术家们展示才华的殿堂，百余名美国艺术家带着自己最为自豪的作品来此展览，艺术节还给人们带来了额外的惊喜，通过评委会选评的作品，作者会获得一笔数目不小的奖金。

迈阿密海滩

迈阿密海滩

（2）泳者的天堂

独特的地理环境，让迈阿密海滩一带成为了美国著名的海水浴场和备受世界关注的观光胜地、泳者的天堂。迈阿密海滩就像一条银白色的绸缎蜿蜒在海边，高高耸立的棕榈树在海风的吹拂下发出沙沙的响声，热带气息的海浪一阵阵翻滚而来，沙质细白的沙滩平坦开阔，一眼望不到边，蓝天碧海相接处，不时有海鸥翩翩起舞。

在大西洋里游泳，你会看到各种肤色、说着各种语言的人们欢闹嬉戏。不同国家、不同种族的人因为海水而聚集到了一起，享受着与大海亲近的欢乐。即使冬季来到迈阿密海滩游泳，也不会像其他地区的海水一样冰冷彻骨，冬泳在这里成了一种享受，身着比基尼的性感女郎成群结队有说有笑奔入海中，薄衫短裤的老老少少也纷纷下水感受游泳的乐趣。

利用得天独厚的地理优势，迈阿密还承办了各种规模巨大的游泳赛事，吸引了世界各地的游泳健将前来一决高低。迈阿密游泳大奖赛、迈阿密游泳超级挑战赛以及各大游泳俱乐部的赛事都在这里举行。

7. 奥兰多

（1）阳光带上的魅力之城

　　奥兰多位于美国佛罗里达州的中部，面积287平方千米。像其他阳光带上的城市一样，这里阳光明媚，一年四季温度适宜，雨水充足，平均降雨量1290毫米/年。所以和中国"山水甲天下"的桂林结为友好城市，被游人誉为"魅力之城"。

奥兰多

（2）传统的旅游之都

　　1965年迪士尼宣布将在奥兰多建设"迪士尼世界"，是这座城市发展的里程碑事件，也使奥兰多成为名副其实的主题公园之城。环球影城、肯尼迪太空中心和海洋世界先后在奥兰多建成，被誉为"世界的主题公园之都"。这座只有25万人口的城市每年吸引超过5000万的游人，包括360万外国人，到这里旅游和度假。奥兰多是美国酒店最多的城市，与芝加哥和拉斯维加斯一样是举办展览和会议的主办城市。

海洋世界冒险公园

人文地理

（3）奥兰多的风光走廊——I-Drive

在奥兰多有一条长 18.5千米的大街，被称作 International Drive，简称为 I-Drive，是奥兰多的风光走廊。在这个风光走廊的沿线都是酒店、会议中心和主题公园。公共汽车穿梭在这条街上，给这里的游人、各类公职人员提供了极大的方便。

奥兰多风光走廊

（4）中佛罗里达大学——美国在校生第二多的大学

奥兰多的中佛罗里达大学是一所公立的研究型大学，是全美在校生排名第二多的大学，注册在校的学生有60048人。

这所大学建立于1963年，它的建立和发展都与美国的航天产业密切相关，学校距肯尼迪太空中心只有56千米。1962年约翰·肯尼迪总统发表讲话，计划在十年内完成载人登月的计划。当地居民向佛罗里达议会提议建立这所大学，为美国的航天事业提供人力资源支持。1963年6月10日州长勃兰特签署了州议会已通过了的法案，建设这所占地4.9平方千米的（主校园）新大学。现在该校已培养出了25万本科毕业生和45000名研究生。美国前总统尼克松、克林顿和现任副总统拜登都曾在这所大学做过讲演。

中佛罗里达大学

夏威夷印象及主要岛屿

夏威夷是美利坚合众国最年轻、距离本土最远，也是面积最小的一个州。夏威夷州首府火奴鲁鲁（檀香山），是在中国近现代史上留下浓墨重彩的地方。

　　夏威夷位于太平洋中部，由132个火山岛组成。陆地面积约为16636平方千米，人口约118.34万，三分之一为非亚裔移民，三分之一为日本血统，剩下的三分之一为菲律宾人、中国人、朝鲜人、韩国人和萨摩亚人等，而纯种的土著夏威夷人如今只剩下几千人。尽管如此，夏威夷土著人具有的"欢迎"、"你好"和"爱"之意的"阿洛哈"精神却仍随处可见。这也是造就夏威夷成为今天旅游胜地的重要原因。

　　夏威夷原本只是太平洋一片平静的岛屿群，第二次世界大战期间，因为美日太平洋战争的关系，军事地位开始凸显，如今依旧是美军军事重地。战后，夏威夷发展迅猛，人口持续激增，旅游资源被大规模开发，1959年，夏威夷成为了美国的第50个州。

　　夏威夷群岛主要包括8个大岛和124个小岛。这8个主要的大岛依次是尼豪岛、考爱岛、瓦胡岛、莫洛凯岛、拉奈岛、卡霍奥拉韦岛、毛伊岛以及夏威夷岛(Hawaii)。其中尼豪岛是私人岛，而卡霍奥拉韦岛没有常住居民。

夏威夷风光

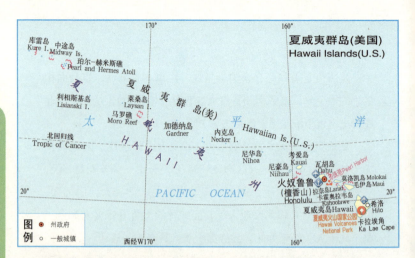

夏威夷群岛(美国)
Hawaii Islands(U.S.)

库雷岛 中途岛
Kure I. Midway Is.
珀尔-赫米斯礁
Pearl and Hermes Atoll

夏 威 夷 群 岛 (美)

利相斯基岛
Lisianski I.
莱桑岛
Laysan I.
太
马罗礁
Moro Reef
加德纳岛
Gardner
内克岛
Necker I.
平 Hawaiian Is.(U.S.)
洋

北回归线
Tropic of Cancer
H A W A I I
尼华岛
Nihoa
州
尼豪岛 考爱岛 瓦胡岛
Niihau Kauai Oahu
珍珠港 Pearl Harbor
莫洛凯岛 Molokai
毛伊岛 Maui

火奴鲁鲁
(檀香山)
Honolulu
拉奈岛 Lanai
卡霍奥拉韦岛
Kahoolawe
希洛
Hilo

PACIFIC OCEAN

夏威夷岛Hawaii
夏威夷火山国家公园
Hawaii Volcanoes
National Park
卡拉埃角
Ka Lae Cape

图
例
● 州政府
○ 一般城镇

西经W170°

20°   20°

美国夏威夷

1. 尼豪岛（Niihau）

是一个火山岛，距离考爱岛29千米，是罗滨逊家族的私人岛屿。如果旅游者到该岛参观游览，必须事先用传真同该家族联系申请，取得同意才能登岛。

夏威夷海边日落

2. 考爱岛（Kauai）

被赋予"花园岛"、"可爱岛"的美称是当之无愧的。来到这里人们就会发现，那些美好的称谓还不足以概括这座热带伊甸园的美丽。用马克·吐温的一句话来形容："上帝是先创造的这里，然后才是天堂。"在所有的群岛中，考爱岛最符合人们对南太平洋天堂的评价。

考爱岛堪称夏威夷最宁静，最具田园风格的地方，其著名的景点有威美亚峡谷，它宽1600米，长22.5千米，而深度有1200米，峡谷奇妙的风景，被称为"太平洋最宏伟的大峡谷"。如果只有几天的时间来游览考爱岛，该峡谷一定要首选。除此，阔集公园、阔集自然历史博物馆，也是您旅游行程中要看的地方。

考爱岛日落

127

3. 瓦胡岛（Oahu）

是夏威夷群岛中多彩多姿的岛屿，它具备多种文化特质，是"阿洛哈"精神的代表，岛上有檀香山国际机场，所以瓦胡岛也就成了绝大多数游客夏威夷之旅的第一站。

瓦胡岛

州政府所在地火奴鲁鲁（檀香山）坐落在瓦胡岛的东南方向，在这里可以看到过去的皇宫、教堂和现在的市政厅大楼。岛上的唐人街有一条"中国艺术步行街"，可以欣赏中国艺术，品尝亚洲一些国家的美食。

威基基海滩是世界上著名的海滩，也是多数游人心目中最典型的夏威夷海滩。海滩区的丽晶饭店到亚斯顿酒店之间这一段是旅游的精华。细致洁白的沙滩、摇曳多姿的椰子树、林立的高楼大厦、宁静开阔的水面，是假日休闲的理想地。

海滩上的女郎

除了沙滩，游泳、浮潜、冲浪、皮划艇等水上活动外，在陆地上可以骑车或参加各种乐器的学习班，到了晚上，现场的音乐表演和各类酒吧是放松休闲的好去处。尤其"皇家夏威夷中心"更是必看之处，这个酒店里的每一扇窗户与海滩只有咫尺之遥，处处能感受到大海的呼吸，是冲浪运动的诞生地。

瓦胡岛东部的钻石山更富有传奇的色彩。十九世纪，远道而来的英国水手远远望到阳光下熠熠闪烁的钻石山山坡，以为发现了钻石，兴奋地以此命名。

瓦胡岛上的古兰尼牧场绿草如茵、山谷葱翠，是"好莱坞御用拍摄地"，不少经典的好莱坞电影就是在这里拍摄的，如

《侏罗纪公园》等。

瓦胡岛上的波利尼西亚文化中心依山傍水，热带植物繁茂，中心分为夏威夷、萨摩亚、斐济、汤加、塔西堤、马克萨斯、毛利等7个村落，代表了波利尼西亚7种不同文化，各村落建筑均保持几百年前的传统风貌，从不同侧面反映民族文化特色，是吸引游人的拳头项目。

位于檀香山市中心的夏威夷大学是一所公立大学，背靠钻石山。学校起源于1907年的农业和机械工艺学院，1920年获得夏威夷大学名称。大学共有三个校区、七个社区学院，在校注册学生17000名，有132个学士、92个硕士学位专业和53个博士学位专业。夏威夷大学也是美国低收入学生比例最高的大学之一。

瓦胡岛上唯一的海港——珍珠港，位于火奴鲁鲁西面，面积89平方千米，是世界天然良港、著名的军港，土著夏威夷人称珍珠港为"Wai Momi"，意指盛产珍珠的

珍珠港纪念馆

水，那里曾经生活着很多珍珠蚌壳，因此得名"珍珠港"。

1941年12月7日，日本海军在凌晨出动了飞机偷袭珍珠港，这就是震惊世界的"珍珠港事件"。

珍珠港上的几个博物馆从不同侧面记录了这个事件，值得参观。

亚利桑那军舰纪念馆，是一座建造在海上的纪念馆，是用来纪念1941年12月7日美国太平洋舰队遭日本海军袭击的那一刻。战舰被重磅炸弹袭击，在9分

亚利桑那军舰纪念馆

钟内沉没，全体官兵阵亡。

密苏里号战舰纪念馆

密苏里号战舰纪念馆，是建立在密苏里号战舰之上的。1945年9月2日在这个6万吨级战舰的甲板上，日本签订了投降书。这艘战舰记录了三场战争和50年的服役历程，游客可以登舰参观。

博芬潜艇博物馆

博芬潜艇博物馆，是在博芬号潜艇上所建立的博物馆。博芬号又称"珍珠港复仇者"，是二战中美国海军在太平洋的艘潜艇之一。游客可以登舰参观，亲眼目睹二战中所使用的鱼雷。

太平洋航空博物馆，游客在这里可以看到所有在二战中使用的飞机，包括日军使用的"零式"战机。

俄克拉荷马号纪念馆，2007年12月7日开放，用来纪念在此舰上阵亡的429名水兵。这艘35000吨的战舰遭轰炸后12分钟沉没。

4. 莫洛凯岛（Molokai）

从1950年以后才开始得到有限程度开发，因此莫洛凯岛至今还保留着较为完整的自然生态。岛上没有什么高大建筑，人口不多，目前仅有7000人定居于此。

莫洛凯岛

莫洛凯岛上有个狭长的克劳帕帕半岛，在这个半岛坐落着克劳帕帕国家公园，游人可以参加克劳帕帕半岛骑行游项目，骑马游览可从500米高处俯瞰太平洋的海崖，全长5千米，用时90分钟。

骑马项目需要事先预约，预约电话：800-5677550，808-5676008。

5. 拉奈岛（Lanai）

拉奈岛

是夏威夷群岛中对旅游者开放的各岛屿中面积最小的一座，落日的余辉给岛屿增添了神秘的色彩，此岛已成为一个纯粹的休闲度假胜地。

拉奈岛的游览主题是胡罗泊海湾，这里有爱情悲剧故事传说的"情人岩"。传说从前有位漂亮的少女和一个年轻的勇士相爱，这位勇士是个军人。一天他去给军队送补给，将他的心上人藏在海岸的岩洞中。不料那天赶上风暴，当他返回时发现他的情人已溺水身亡。他在悲伤中抱起他的情人，爬上海中的岩石，埋葬了他的爱人，而后他自己从岩石上纵身跳海自尽。

6. 卡霍奥拉韦岛（Kahoolawe）

是夏威夷群岛中的火山岛，面积116平方千米。由于岛上缺少淡水，所以没有常驻居民。二战时该岛被美军用来做实弹的靶场，1990年美军停止了实弹训练，1994年正式将岛归属夏威夷州管辖，现在是夏威夷州的保留地。

卡霍奥拉韦岛

7. 毛伊岛（Maui）

毛伊岛

是夏威夷群岛中的第二大岛，陆地面积为1883平方千米，总人口10万人左右。

毛伊岛以秀丽的山谷著称，岛上最著名的旅游胜地是"太阳之屋"和十六世纪捕鲸时期形成的城市"捕鲸镇"。

"太阳之屋"是众多火山口的交汇处，地貌特征极为独特，海拔在3000米以上。游客可租车沿公路开到顶上，在那里会感到自己好像已经离开了地球，站到了月球上一样。这里虽然植被稀少，但还有一种美丽的高原花草生长于此，名叫"银剑"，这种植物世界上只有毛伊岛的"太阳之屋"和大岛的高山上才能看到，且濒临灭绝。

毛伊岛的卡纳帕里海滩享有美国最美海滩之称，全长5千米，白色的细沙和湛蓝的海水形成对比。

8. 夏威夷岛（大岛）（Hawaii）

夏威夷岛绝对名副其实。在夏威夷群岛里，夏威夷岛（简称大岛）是最年轻的一个岛，也是最大的一个岛，总面积为10414平方千米，是所有其他夏威夷群岛岛屿加起来的总面积的两倍！这还不算，该岛面积增长的主要方式，是不断爆发的活火山仍在继续为夏威夷大岛增添新的土地。

夏威夷岛是一个很有意思的地方，在那里，游客可以在同一天内上山滑雪，下海冲浪，然后到火山公园看火山。在热带中滑雪听起来让人不可思议，但事实上就是这样。

火山区位于夏威夷东南沿岸，年降雨量达到2500毫米以上，这里植被茂密，生长着许多热带蕨类植物，因此境内多野山羊、狐猿、野猪、热带鸟类、鹌鹑等动物。有一种动物在这里乃至世界都极为珍稀，这就是夏威夷雁，是一种不会飞的短翅和半蹼足的旱鸭子。它们体貌憨态可掬，身上的羽毛大多呈褐色且有横条纹。

另外，给游客留下印象最深的恐怕是这里黑色的沙滩，还有与黑色沙滩互相映衬的蓝天、白浪、绿树，这几种颜色形成一道特殊的风景线。

夏威夷岛上的"夏威夷国家火山公园"，占地1300多平方千米，1987年被联合国教科文组织评为"世界遗产"。

公园中的克劳伊火山被称为世界唯一的"外压式"活火山，喷发时间的长短没有规律，可能喷发一个世纪或瞬间停止。它每天喷发出的火山灰可以覆盖30千米长的双线公路。在公园可乘车游览火山口，可参观马克·吐温曾经住过的"火山房"酒店，还可在公园的访问中心观看火山喷发的电影，

到火山国家公园一定注意标志，不要进入不可进入的区域，防止遇到危险。驾车进入要带食物、水、雨具和手电。

夏威夷岛上的凯劳古村过去只是一个安静的渔村，现已是集酒店、度假村、美食和夏威夷传统民俗文化展示的旅游胜地，每年世界铁人三项冠军比赛的起讫点就在这里。

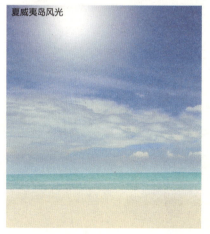
夏威夷岛风光

夏威夷岛西北部的阿卡卡瀑布公园为游客提供了步行欣赏瀑布美景的小路，

阿卡卡瀑布的落差为140米，甚为壮观。

在岛上的希洛小镇随处可以看到夏威夷文化的历史建筑，博物馆、街心公园和度假村。

西部景点
西部之旅示意图

加

西雅
Sea
F

奥林匹亚◎
Olympia

E 波特兰
Portland

塞勒姆◎
Salem

俄勒冈
OREGO

太

PACIFIC

加
C
A
L
I
F
O
R
N
I

卡森城◎
Carson Ci

萨克拉门托◎
Sacramento

圣弗朗西斯科
（旧金山）D
San Francisco

平

OCEAN

洋

洛杉矶 A
Los Angeles

圣迭戈
San Diego

墨
M

人文地理

CANADA

Columbia

华盛顿州
WASHINGTON

爱达荷州
IDAHO

犹他州
UTAH

内华达州
NEVADA

拉斯维加斯
Las Vegas

亚利桑那州
ARIZONA

科罗拉多河 Colorado

图 例

电 话

地 址

门 票

时 间

传 真

其 他

洛杉矶景点

1. 环球影城（Universal City）

环球影城

是一座真正的城市，占地1.68平方千米，坐落着36层的环球影城大厦。该大厦里有环球影城影视、音乐的职业团队和配套的服务机构；影城里坐落着用"环球"命名的"环球希尔顿"、"环球喜来登"酒店。甚至地铁站名都是用环球影城命名的。

"环球影城"主题公园（Universal Studio）被称作"洛杉矶的娱乐之都"。这里有各种电影和电视的体验项目，如：侏罗纪公园之旅，电影拍摄和制作之旅等；游人还可乘坐电车，感受好莱坞大片的拍摄和制作场景，"恐怖之旅"会让游客感受毫无准备的恐怖。

这里的水世界是模拟真实的拍摄现场，一定把游客的衣服打湿才能让人感到自己就在这个画面中。在这里每位游客都能感到高科技在娱乐业的应用，如：4D电影和2014年即将开馆的"哈利·波特魔幻世界"。

☎ 800-8648377

🎫 3～7岁70美元；8岁以上80美元

2. 圣莫尼卡（Santa Monica）

圣莫尼卡

是加利福尼亚州最迷人的海滨城市，这里冬暖夏凉，交通便利，海滩迷人，是典型的海滨疗养地。

圣莫尼卡海滩上有个用木头高高架起的码头，一直伸向大海，这就是圣莫尼卡码头，它建于1909年至1916年间，是圣莫尼卡的象征。码头上有一个标志性的摩天轮，这里是很多电视剧中的场景。

圣莫尼卡中心的第三步行街是一条专门用来游行表演的街道，街道两旁有许多温馨浪漫的咖啡厅、电影院和很多备受人们喜爱的小商店。每到夜间，道路两旁都被艺人、影吧、酒吧和各式各样的小餐馆所占据，热闹非凡。

310-4588300

East Pacific Coast Highway，Santa Monica

3. 加州大学洛杉矶分校（University of California，Los Angeles）

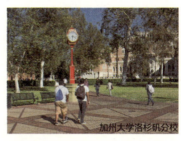

加州大学洛杉矶分校

是一所公立研究大学，是美国最顶尖的综合性大学之一，是美国商业、金融、高科技产业、电影艺术等专业人才的摇篮，是全美培养尖端人才领域最广的大学，提供337个不同学科的学位，在校注册共约28000名本科生与12000名研究生，是美国申请就读人数最多的大学。

学校的建筑极具历史感，古老富有魅力。其次，整个校园被不正式地分为南北两个校园。在这里你可以看到意大利罗马式的建筑、宁静的花园、雅致的餐室等。

校园内的鲍威尔书馆，共有820多万册的藏书，在整个美国国家图书馆中排名靠前，其收藏数据的广泛性与高利用率，在世界上是首屈一指的。

图书馆收藏了很多中文图书，如中国考古学、宗教（特别是佛教）、民间风俗、中国历史和古典文学，以及中国美术等。《易经》、《大众电影》都能找到。

310-8254321

405 Hilgard Avenue，Los Angeles

4. 好莱坞（Hollywood）

本意是一个地名的概念，位于洛杉矶市区西北郊，这里风景宜人，依山傍水，是全球时尚的发源地，是全球音乐电影产业的中心地带，是世界闻名的"电影之城"，是游客

好莱坞街景

到洛杉矶的必游之地。"好莱坞"现已成为美国电影的代名词，这里拥有世界顶级的娱乐产业，奢侈品牌云集。

🌐 Hollywood, Los Angeles

5. 好莱坞星光大道（Hollywood Walk of Fame）

1958年建成，现已成为洛杉矶的一个重要文化历史地标，上面有2000多颗镶有好莱坞名人姓名的星形奖章，如：玛丽莲·梦露、阿诺·施瓦辛格、布鲁斯·威利斯、汤姆·汉克斯、两获奥斯卡奖得主的伊丽莎白·泰勒、好莱坞帅哥"阿汤哥"——汤姆·克鲁斯，还有华人明星李小龙、成龙、著名导演吴宇森等。

这里的每颗星皆由一颗水磨石制成，将其制成粉色五角星形并镶上青铜，然后嵌入深灰色的方块中。每一个标志上都有授奖人的名字，以及他所代表的领域的标志，如：电影摄影机——对电影产业的贡献，电视机——对电视产业的贡献，留声机——对唱片产业的贡献，广播麦克风——对广播产业的贡献，悲喜剧面具——对现代戏剧的贡献。

好莱坞星光大道

6. 贝弗利山庄（Beverly Hills）

位于洛杉矶市区西北部，坐落于清爽宜人的太平洋沿岸和贝弗利山脚下，山庄面积宽广，地势高低起伏，是举世闻名的全球富豪、明星聚集的梦幻之地，是洛杉矶市内最有名的城中城，享有"全世界最尊贵住宅区"的称号，精巧的罗迪欧大道就是贝弗利山庄的最具代表的景点。

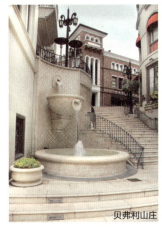
贝弗利山庄

贝弗利山庄豪宅的突出特点就是昂贵的建材、华丽的装饰和奢侈的面积，对资源的挥霍成为豪宅主人骄傲的资本。因贝弗利山庄的名气，世界各地的巨星们纷纷在此购置房产，如：好莱坞电影明星、NBA篮球明星、迈克尔·杰克逊、布拉德·皮特、奥尼尔、科洛·莫瑞兹等众多名人，很多有钱的华人也都在此置业。

7. 中国剧院（Grauman's Chinese Theatre）

位于好莱坞市中心，1927年5月开幕，以其中国式建筑的外观而得名，是全美最著名的影院之一。

中国剧院

中国剧院是由好莱坞著名的娱乐业者悉德·格劳曼于1927年创建的，所以也被称为"格劳曼中国剧院"。

"中国剧院"高约27米，大门的两边是两根巨大的由珊瑚制成的红柱，上面各镶嵌着一个熟铁面具，在两根红柱子之间，是一个9米高的石雕，上面雕刻着中国龙，两个从中国运来的石制大天狗把守着剧院的入口。

中国剧院的内部设计有着浓重的中国气息。大厅内精心制作的墙壁、玻璃橱窗内摆放着的身着中国戏服的3个蜡像、悬挂在剧场中央的枝形吊灯、2200个大红座椅的观众席、红色地毯等等，让人感觉气派与华贵。

📠 323-4643331

🌐 6925 Hollywood Blvd, Hollywood

🎫 按当日演出剧目，分成人票、儿童票、老人票。

8. 好莱坞露天剧场（Hollywood Bowl）

建于1922年，全球最大的露天音乐厅，可以容纳一万七千多名观众。演出的音乐形式多种多样，从古典音乐到流行音乐。

📠 323-8502000

🌐 2301 N Highland Av., Los Angeles

🎫 免费参观，如有演唱会需另行购票。

好莱坞露天剧场

9. 杜比剧院（Dolby Theatre）

由柯达公司捐资建设，因而命名为"柯达剧院"，2012年2月更名为"好莱坞高地中心"，2012年5月更名为杜比剧院，于2001年11月9日启用。

杜比剧院

杜比剧院在电影史上的地位非同小可，是奥斯卡金像奖的颁奖举行地，2002年成为奥斯卡金像奖的永久颁奖举行地。每年的奥斯卡金像奖颁奖活动期间，均铺设红地毯，是娱乐业和媒体高度关注的焦点。剧院前厅展示着历届奥斯卡奖获奖者的名单，并且预留了未来获奖者名单的空间。

📞 323-3086300

📍 6801 Hollywood Blvd, Los Angeles

🎫 15美元（包括导游讲解），剧院有演出需另行购票。

10. 日落大道（Sunset Boulevard）

贯穿洛杉矶市，长约35千米，路两旁是绵延的棕榈树和林立的电影广告牌。

📍 Sunset Boulevard Los Angeles

11. 洛杉矶市政厅（Los Angeles City Hall）

建于1927年，高138.4米，28层。市政厅的顶部设计仿照世界七大奇观中的古摩索拉斯陵墓，建筑中使用了来自于加州58个郡的沙土和21个教会供的水。

洛杉矶市政厅

📞 213-9781059

📍 200 North Spring Street, Los Angeles

12. 派拉蒙电影城（Paramount Studios）

采用先进的电影技术，可以为电影配上生动逼真的原声。游客可以看到很多电影里曾看到过的背景装置，如果运气好的话，还可以目睹明星们拍片的场面。

☎ 323-9568398

⊕ 5555 Melrose Avenue，Los Angeles

🎫 购票入场

13. 洛杉矶唐人街（Chinatown）

是仅次于旧金山的华裔聚集地区，道路两旁都是食品店、餐馆、咖啡屋、佛寺以及小百货商店。其中最受人好评的是提供饮茶和晚餐的中国餐馆。

洛杉矶唐人街

14. 迪士尼音乐厅（Walt Disney Concert Hall）

2003年10月23日落成，是洛杉矶交响乐团与合唱团的本部。其独特的外观，使其成为洛杉矶市中心南方大道上的重要地标。

☎ 323-8502000

迪士尼音乐厅

⊕ 111 South Grand Avenue, Los Angeles

15. 洛杉矶纪念体育场（Los Angeles Memorial Coliseum）

是一座大型室外体育场，是世界上唯一作为两届奥林匹克运动会（1932年及1984年奥运会）主场馆的体育场。

☎ 213-7477111

⊕ 3911 South Figueroa Street, Los Angeles

16. 洛杉矶中央图书馆（Los Angeles Central Library）

1926年落成，是洛杉矶最古老的建筑物之一。目前是美国第三大图书馆。整个图书馆有地上、地下各4层，馆藏约200多万册书籍。

☎ 213-2287000

⌖ 630 West 5th Street，Los Angeles

17. 洛杉矶现代艺术博物馆（Museum of Contemporary Art）

是洛杉矶唯一一家专门收藏现代艺术品的博物馆，收藏了自1940年以来创作的5000多幅油画、摄影、雕刻和新媒体作品。

☎ 213-6266222

⌖ 250 South Grand Avenue, Los Angeles

洛杉矶现代艺术博物馆

18. 迪士尼乐园（Disneyland Park）

洛杉矶的迪士尼乐园是全球首个迪士尼乐园，1955年7月17日开业。园内共有四个区域：冒险世界、西部边疆、童话世界和未来世界。

迪士尼乐园

☎ 714-7814000

⌖ 1313 Disneyland Railroad, Anaheim

💰 69美元

19. 威尼斯海滩（Venice Beach）

威尼斯海滩

是洛杉矶三大知名海滩之一，也是最具多元化色彩和现代风貌的海滩圣地。它像是一场常年进行的免费嘉年华，以街边艺人、举重表演者、波希米亚风格的居民及奇异的精品店而闻名。

⊕ Pacific Avenue, Venice

20. 太平洋水族馆（Aquarium of the Pacific）

占地面积约有三个美式足球场大，展出的海洋生物超过12000种，可以看到一个个华丽、壮观的展箱，按其类别分为：热带鱼、鲨鱼、海草、海龟和海龙等展箱，是全美第四大、加州第一大的水族馆。此外，还可以亲吻小鲨鱼、观看工作人员给海獭喂食，一定会让你不虚此行。

📞 562-5903100

⊕ 100 Aquarium Way Long Beach,

🎫 3～11岁14.95美元；62岁以上22.95美元；成人25.95美元。

太平洋水族馆

拉斯维加斯景点

1. 大峡谷国家公园（Grand Canyon National Park）

大峡谷国家公园

位于亚利桑那州西北部，占地4926平方千米，因科罗拉多河穿流其中而得名，所以又称"科罗拉多大峡谷"。大峡谷被称作世界七大自然奇观之一，1979年被联合国教科文组织确定为世界自然遗产。

大峡谷国家公园分为南峡、北峡和内峡三部分（您或许还听说过西峡这么一个名称，这部分峡谷紧邻大峡谷国家公园西侧，属于印第安人保护地，并不在国家公园的范围内），三部分峡谷各有特色。

北峡海拔最高的地方大约2400米，降水量比较多，多风雪，每年10月到次年5月道路多封闭。

南峡平均海拔高度2100米，距离谷底约1500米，南峡是最受欢迎的峡谷，大部分的游客会游览南峡。

由亚利桑那州的64号公路进入大峡谷公园，并有两条可选择的游览线路，一条是向西13千米的乘车游览线路，沿线可停留并看到多个风景点；另一个向东的40千米的风景线路，这条线路对私人车辆开放，可到达沙漠观景点。谷中还有专门为徒步爱好者设计的徒步行走线路。

大峡谷国家公园内的峡谷垂直陡立，自然生成彩色斑斓的图案，显露出不同的地质构造层次，可谓形态万千。

号称是21世纪世界奇观的玻璃桥，被誉为"全世界最高的建筑物"，这座令人叹为观止的悬空廊桥建造在公园内南缘老鹰崖距谷底1158米的高空，呈U字形，最远处距岩壁21米，廊桥宽约3米，底座为透明玻璃材质，游客可以行走其上，俯瞰大峡谷和科罗拉多河的景观风貌。旅游者还可以从拉斯维加斯或菲尼克斯乘直升机或小飞机从空中俯瞰大峡谷的非凡魅力。

📞 800－6382631

🧭 Village Loop Drive，Grand Canyon Village

🎫 每车20美元，步行进入12美元。

大峡谷的玻璃桥

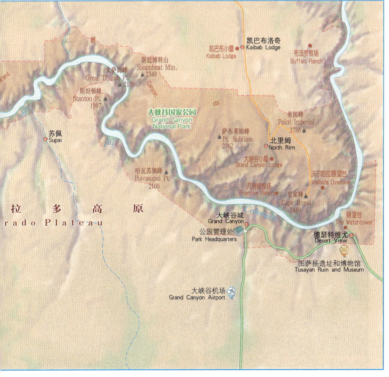

凯巴布洛奇
凯巴布小屋　Kaibab Lodge
Kaibab Lodge

布法萝牧场
Buffalo Ranch

斯廷博特山
Steamboat Mtn.
2349

大萨姆峰
Great Thumb Pt.
2136

斯坦顿峰
Stanton Pt.
1997

大峡谷国家公园
Grand Canyon
National Park

萨布莱姆峰
Pt. Sublime
2362

帝国峰
Point Imperial
2786

苏佩
Supai

北里姆
North Rim

哈瓦苏佩峰
Havasupai Pt.
2100

大峡谷小屋
Grand Canyon Lodge

沃尔哈拉瞭望台
Walhala Overlook

幻影牧场
Phantom Ranch

宫家峰
Cape Royal
2489

拉　多　高　原
rado Plateau

大峡谷城
Grand Canyon

瞭望台
The Watchtower

公园管理处
Park Headquarters

德瑟特维尤
Desert View

图萨扬遗址和博物馆
Tusayan Ruin and Museum

大峡谷机场
Grand Canyon Airport

2. 金银岛酒店（Treasure Island Hotel）

位于拉斯维加斯大道上，1993年开业，设计构思源于同名小说《金银岛》，饭店门口每天开演的海盗船大战非常出名。2004年，演变成了塞壬女妖与海盗间的战斗，英国官兵的角色被众多性感美女所替代，别具风格。

702-8947111

3300 S Las Vegas Blvd，Las Vegas

3. 威尼斯人酒店（Venetian Resort Hotel）

1999年4月正式开业，总投资近18亿美元(约合147亿元人民币)，堪称全球投资最大（含赌场），综合娱乐设施最全的酒店，酒店充分展现了水城威尼斯的风光。

702-4144300

3355 Las Vegas Boulevard South，Las Vegas

威尼斯人酒店

4. 巴黎饭店（Paris Las Vegas）

位于拉斯维加斯大道一侧，酒店的主题是微缩的埃菲尔铁塔和凯旋门造型。埃菲尔铁塔按原型的二分之一建造，凯旋门是依原型的三分之二建造。游客可在50层高的埃菲尔铁塔上面观赏拉斯维加斯的美景。

702-9467000

3655 S Las Vegas Blvd，Las Vegas

9美元（游览埃菲尔铁塔）

巴黎饭店微缩的埃菲尔铁塔

5. 百乐宫酒店（Bellagio）

位于拉斯维加斯大道上，酒店的主题是音乐喷泉。喷泉建于百乐宫酒店正前方，程控的喷泉系统能在瞬间将约65立方米湖水喷至近80米高。喷泉喷射的方向、高度和音乐全部由电脑程序编排，将意大利科莫湖的自然景色融于喷泉及所在的湖面，场面非常壮观。

702-6937111

3600 South Las Vegas Boulevard，Las Vegas

6. 莱尔儿童博物馆（Lied Discovery Children's Museum）

是费蒙街的一景，内有130种互动式的展览，让儿童在游戏中了解成人世界的生活和工作，如赚钱、存钱、购物等。小朋友可以通过游戏来体验盲人使用拐杖和轮椅时的感受。

莱尔儿童博物馆

☎ 702-3823445

✈ 833 Las Vegas Blvd N,Las Vegas

🎫 老人、军人以及儿童6美元；成人7美元。

7. 拉斯维加斯自然历史博物馆（Las Vegas Natural History Museum）

展览的主题是从该地发掘出的化石，是内华达州自然历史的见证。有模拟自然生态环境和动物生活状况的展示区，有会动的恐龙标本以及标本制作过程的介绍。

☎ 702-3843466

✈ 900 Las Vegas Blvd N，Las Vegas

拉斯维加斯自然历史博物馆

8. 潮野水上乐园（Wet 'n' Wild Water World）

是一个以水为主题的乐园，占地约11公顷，设有6个游泳池及跳台，以大型水上活动、游泳、刺激的高速滑水道吸引着游客。

📞 702-7363443

🌀 3735 South Las Vegas Boulevard，Las Vegas

9. 米高梅历险游乐园（MGM Grand Adventures Theme Park）

是拉斯维加斯最大、最受欢迎的游乐中心，在约14公顷的场地内分为卡萨布兰加、大广场、纽约、Strip区等九个主题区，有不间断的歌舞表演，稀奇古怪、令人心跳的各种游戏。

📞 877-8800880

🌀 3799 S Las Vegas Blvd，Las Vegas

10. 胡佛水坝（Hoover Dam）

1935年建成，水坝高221米，长379米，是美国最大的水坝并被赞誉为沙漠之钻。

📖 Nevada 172，Boulder City

🎫 幼儿免费；老人、儿童9美元；成人11美元。

胡佛水坝

圣迭戈景点

1. 圣迭戈科罗纳多岛（Coronado Island）

科罗纳多岛

科罗纳多岛风光秀丽，精致的房屋被绿树鲜花隐掩；这里的蓝天、白云、阳光、海浪、白沙、鲜花是那样的迷人；这里的道路整洁；这里的各式小商店都充满着别味风情；就连许多常见的花在这里都开得更艳；稀有的花更会让你驻足观看；少见的沙生植物更会让你充满了惊奇。岛上的德尔·科罗纳多大酒店更是一颗耀眼的明珠。

科罗纳多岛吸引了无数情侣的脚步，因为"爱美人不爱江山"故事的主人公，著名的英国爱德华王子与美国辛普森夫人的爱情故事就发生在这里：英国国王爱德华八世在这里遇到了美国辛普森夫人，二人相恋相爱，爱德华八世不顾王室和世人的反对，宁可放弃王位，也要选择和辛普森夫人结婚。这段浪漫爱情故事至今仍被人们所记忆，现在仍有不少新婚夫妇慕名到这岛上的德尔·科罗纳多大酒店举办婚礼。

✧ North Island NAS Halsey Field (NZY),Coronado

❀ 免费参观

2. 圣迭戈海洋世界公园（Sea World Adventure Park）

位于圣迭戈的教会湾，1954年开业，是集观赏与游乐为一体的主题公园。它是全美三座海洋世界公园中的第一座，坐镇明星有虎鲸、海狮、水獭和海豚等等。

该公园最大的特色是有巨大的露天海洋剧场，专供体态庞大的鲸、海豚等在其中畅游表演。千万别错过表演的时间，这些表演是定时的。

619-2263901

500 Sea World Drive San Diego

2岁以下免费；3～9岁61.99美元；10岁及以上69.99美元。

圣迭戈海洋世界

3. 植物园（Botanic Garden）

位于巴尔波亚公园内。园内风景秀丽，来自世界各地的花卉四季盛开。红、黄、蓝、白、紫不同色彩的睡莲漂亮异常。翠竹、芭蕉、椰树、月桂、枫树、橡树、常绿林、针叶林、落叶阔叶林等错落分布，竞相生长。身处参天的林木，遍地鲜花之中，顿感勃勃生机扑面而来。

4. 联合国际大学（Alliant International University）

位于圣迭戈市，是一所私立非盈利性机构。它是由加州心理学专业学院和美国国际大学于2001年7月合并成立，在加州共设有6个校区，分别位于圣迭戈、旧金山、洛杉矶、弗雷斯诺、萨克拉曼多、欧文。此外，在墨西哥也设有分校区。联合国际大学开设的所有课程都得到美国官方机构认可。联合国际大学是一所"专业实践大学"，致力于在应用社会科学领域为学生作好职业准备，使学生掌握综合的、跨学科、多文化的学习及研究方法。

626-2842777

1000 S Fremont Av. Unit 5, Alhambra

5. 中途岛号航空母舰博物馆（USS Midway Museum）

中途岛号航空母舰曾是美国海军的一个标志。1945年下水服役，1992年退役，是服役年限最长的一艘战舰。2004年，由非营利机构接管并开放成为博物馆。

📞 619-5449600

📍 910 N. Harbor Drive, San Diego

中途岛号航空母舰博物馆

💲 5岁以下免费；退役人及青少年（6~17岁）10美元；62岁以上，15美元；成人18美元。

6. 圣迭戈野生动物园（San Diego Zoo Safari Park）

拥有大量的野生动物和濒临绝种的动物，这其中包括来自非洲、亚洲、欧洲、南美洲、北美洲，以及澳洲的动物。公园最大的看点是非洲野生动物展区。

📞 760-7478702

📍 15500 San Pasqual Valley Rd Escondido

💲 2岁以下免费；3~11岁30美元；12岁及以上40美元。

7. 科罗纳多大桥（Coronado Bridge）

将圣迭戈和科罗纳多岛紧密地联系在一起。大桥长约3407米，呈弧形，随桥面高度上升会有一个80度的大弯。行使在桥上，海湾的景色一览无遗。

📞 619-5227300

📍 San Diego

科罗纳多大桥

8. 德尔·科罗纳多大酒店（Hotel Del Coronado）

始建于1888年，是全木质结构的海滨度假酒店。由爱迪生亲自监督并完成安装。这座酒店建成之时，是世界上除纽约外，最大的完全用电力照明的建筑。

☎ 619-4356611

☺ 1500 Orange Av.,Coronado

9. 科罗纳多海滩（Coronado Beach）

是圣迭戈最好的沙滩之一，沙子呈银白色，非常细，海水很干净，适合冲浪。海滩上还有租自行车服务。

☎ 619-5227346

☺ 920 Ocean Boulevard，Coronado

10. 老城（Old Town）

是加州的诞生地，西班牙早期的殖民地，同时也是第一批欧洲人的定居地。老城离市中心只有几分钟的步行路程。市政府、邮局、餐馆、学校、教堂等都集中于此。

老城

☎ 619-2914903

☺ 2415 San Diego Avenue, Suite 107 San Diego

11. 老城州立历史公园（Old Town State Historic Park）

保存了一个真实的印第安部落居住的村庄，里面有房舍、校舍等。

☎ 619-2205422

☺ 4002 Wallace Street，San Diego

旧金山景点

旧金山唐人街

1. 旧金山的唐人街（Chinatown）

位于旧金山金融商业区的一角，大约有八万余名华侨居住在这里。这里既有生活杂货，也有珍贵珠宝，尤其是在Grant Avenue和Stockton Street之间的唐人街胡同里，可见许多传统商店、餐厅和旧屋。唐人街到晚上十点左右还很热闹，比其他地区安全。

唐人街主要看点是港口嘴广场，1839年时，是耶尔巴布埃纳镇的公共集会场所，如今成为了华人聚集的场所；大牌坊，坐落在Grant Avenue大街上，由Clayton Lee设计，建于1970年。

唐人街车站

旧金山的唐人街经历了数不尽的灾难。1870年当地政府通过了一项法案，旨在严格控制中国移民的居住和被雇佣，使中国移民难以找到一份正直清白的工作。1906年大火烧毁了唐人街，政府官员趁机策划将华人赶出去，以便发展这里的房地产，幸好中国领事馆和商人们最终说服了政府另择他地去发展房地产。

今天，唐人街的商人们倾囊投资，重建家园，吸引了无数的旅游者，门口的"天下为公"牌匾、高高挂起的大红龙灯，让你一下子就知道了这就是唐人街。

旧金山唐人街是东方巨龙的化身，是世界了解中国的一个窗口，更是一张散发着华夏民族魅力的名片。

游览唐人街的最佳路线是由都板街和Bust街交会的"天下为公"牌楼进入，这样的旅游线路可节省很多时间。

☏ 415-3912000

⊕ 434 Grant Av.San Francisco

2. 渔人码头（Fisherman's Wharf）

位于旧金山北部水域哥拉德利广场，一个画有大螃蟹的圆形广告牌便是渔人码头的标志。鳞次栉比的购物中心和饭店为旅游者提供了方便。

渔人码头

主要景点有海洋国家历史公园、哥拉德利广场和机械博物馆。美国国庆日（7月4日）烟花表演也在此举行。

渔人码头是旧金山品尝海鲜的最佳地点。您可以到这里品尝螃蟹、虾、鲍鱼、乌贼、海胆、鲑鱼、鲭鱼和鳕鱼等海产品。

品尝海鲜的最佳时节是每年11月到次年6月之间。此时来渔人码头，人们可以吃到上好的丹金尼斯大海蟹。

☏ 415-6747503

⊕ 2 Al Scoma Way At Pier 47 San Francisco

3. 金门大桥（Golden Gate Bridge）

1937年开通，全长约2700米，是世界上最大的单孔吊桥之一，被视为旧金山的象征。在淘金热的时候，这座桥如同通往金矿的一扇大门，因此被命名为"金门大桥"。

金门大桥在桥梁建筑学上是一个创举。它只有两大支柱，并不是利用桥墩支撑桥身，而是利用桥两侧的弧形吊带产生的巨大拉力，把沉重的桥身高高吊起。金门大桥虽然不是世界上最长的悬索桥，但因其雄伟壮阔的造型而被世人所熟知。

金门大桥的桥身为橘色，因建筑师艾尔文·莫罗认为此色既和周边环境协调，又可使大桥在金门海峡常见的大雾中显得更加醒目。

金门大桥的设计者是工程师施特劳斯，人们把他的铜像安放在桥畔，用以纪念他对美国作出的贡献。

金门大桥上双向都设有汽车道、步行道，人们可选择乘车、步行或骑自行车穿越大桥。

☏ 415-4552000

🌐 Administration Building, Golden Gate Bridge Toll Plaza, San Francisco

💰 6美元

🕐 自行车可通行的时间是5:00-15:30

金门大桥

斯坦福大学

4. 斯坦福大学（Stanford University）

是一所私立的研究型大学，被誉为"西岸的哈佛"，是美国学生和家长们心中梦想的大学。

斯坦福大学主校园占地33平方千米，被认为是世界最美丽的大学校园之一。校内的楼房都是黄砖红瓦，四平八稳，是十七世纪西班牙的传道式建筑。最出名的建筑有胡佛纪念塔（地标性建筑）、Old Union、斯坦福纪念教堂。

1884年当时的美国铁路大亨、联邦参议员和加州前州长李兰德·斯坦福先生丧失了不到16岁的独生子，小李兰德·斯坦福。斯坦福先生与其妻子珍妮建立了一所学校，用他们爱子的名字命名，以纪念他们的儿子。

斯坦福家族选择了他家的农场作为学校的选址，1887年开始学校的建设，1891年斯坦福大学成立了。学校的校训是校长约旦先生用德语写的："自由之风永无停息"。

今日的斯坦福大学由七个学院组成：人文科学学院、工程学院、地球科学学院、教育学院、法学院、医学院和工商研究生院。有7000名本科生和8900名研究生。在2000人的教师团队中有22位诺贝尔奖金获得者，152位科学院院士，95位工程院院士和66位药学会会员。

斯坦福大学有多达18个独立的实验室和研究中心，如著名的"国家加速器实验室"。该校还是互联网创设时的四个节点之一。

斯坦福大学有世界上最大和最多样化的图书馆系统，有900万册的藏书，其中有26万册为珍稀图书，150万的电子书，150万的音频资料，以及600万的微缩的胶片资料。是一个学习和信息研究的海洋。

斯坦福大学与距离13千米的硅谷是分不开的，因为斯坦福的校友在那里创造了科技和资本市场的奇迹。谷歌、惠普、耐克、太阳微系统和雅虎都是斯坦福的校友所创建，拥有27000亿美元的年收入，可以称为世界"第十大经济体"。

650-7232300

450 Serra Mall，Stanford

5. 硅谷（Silicon Valley）

位于加州北部的旧金山湾区，硅是指半导体和计算机时代的核心部件——芯片的材料，谷是指所在的圣克拉拉谷。硅谷不但是这个地区的名称，也是高科技和风险投资运作的代名词。

硅谷

硅谷这个名称的出现是在1971年1月11日出版的"电子新闻"周刊，这一期的新闻刊登了"美国的硅谷"的系列报道。随着上世纪80年代IBM个人计算机的普及，"硅谷"这个词便走进了千家万户。

"硅谷"是以硅为基本材料的集成电路板、微处理器的生产基地，这里有30万的软件开发大军，吸收了美国1/3的风险投资。在这里可以看到的科技公司不胜枚举：AMD（芯片）、苹果、思科、eBay、脸谱、谷歌、惠普、英特儿、甲骨文、朗讯、富士通、日立数据、爱立信西门子、飞利浦照明，等等。这里有十几所著名的大学，除斯坦福大学外，还有菲尼克斯大学（海湾校园）、圣克拉拉大学、硅谷大学、圣何塞州立大学、旧金山州立大学等。

　　圣克拉拉郡下辖的所有城市都坐落在硅谷地区，通常大家认为圣何塞是硅谷的中心。这里免费参观。

6. 金融区（Financial District）

　　有"西岸华尔街"之称，高高低低、样式迥异的建筑融合成一种不协调的美。金融区里面有三大经典景观建筑：环美金字塔大楼（旧金山第一高楼）、美洲银行世界总部和第一洲际中心。

金融区

Battery Street, San Francisco

7. 格雷斯大教堂（Grace Cathedral）

　　是巴黎圣母院的复制品，动工于1927年，1964年完工，正面大门仿造于佛罗伦萨洗礼堂著名的天堂之门。教堂是社区生活的重要场所。

415-7496300

1100 California Street, San Francisco

格雷斯大教堂

8. 艺术宫（Palace of Fine Arts）

建于1915年，是为了巴拿马"太平洋万国博览会"所建造，其建筑的设计展现了视觉上的壮观美感。

☎ 415-5676642

⊕ 3301 Lyon St., San Francisco

9. 市政中心（Civic Center）

是旧金山的行政管理中枢，由联邦大厦、州政府与市政厅等建筑群组成，同时也是旧金山市表演艺术的集中地，戴维斯交响乐大会堂、战争纪念歌剧场和赫伯斯特剧院等一流剧院全集中在这里。

☎ 415-5574266

⊕ 400 Van Ness Av., San Francisco

10. 市政大厅（City Hall）

是旧金山的政治心脏，建筑以罗马的圣·彼德教堂为模型，入口上方的雕塑是法国艺术家的作品，气势磅礴。

☎ 415-7012311

⊕ 1 Doctor Carlton B Goodlett Place, San Francisco

市政大厅

11. 旧金山现代艺术博物馆（S.F.Museum of Modern Art）

是美国西岸第一座专门收藏现代艺术的博物馆(全美第二大)，馆内有一个高38米的圆柱形斑马纹天窗，光线可直接照射到底楼。其外形不但彰显旧金山的艺术精神，也是全世界摄影师追逐的目标。

☎ 415-3574000

⊕ 151 3rd Street, San Francisco

🎫 12岁及以下免费；13～17岁7美元；62岁以上8美元；成人12.50美元；每个月的第一个周二免费，周四18:00—20:45半价。

12. 九曲花街（Lombard Street）

是世界上最弯曲的街道，街道向东伸展，经过俄罗斯山、电报山后，尽头是旧金山市的Embarcadero区。街道上遍植花木，在花街高处还可远眺旧金山市的山海风光。

九曲花街

⚘ Lombard St.,San Francisco

🎫 免费参观

13. 金门公园（Golden Gate Park）

公园横跨53条街，是世界最大的人工公园，园内有三座颇受欢迎的城市博物馆、一座日本式的茶园、风车、儿童乐园和历史性的雕像。

金门公园

☎ 415-6681117

⚘ San Francisco Parks Trust, McLaren Lodge, 501 Stanyan Street, San Francisco

💰 公园内有免费的游览区域，也有收费的博物馆、植物园和俱乐部。

14. 加州科学馆（California Academy of Science）

耗资近五亿美元，是美国环保建筑委员会认可的白金级环保建筑，这是绿色建筑的最高荣誉。该馆设有地球形成、生命之源、海洋生态、热带雨林、非洲自然博物馆、天文馆等多个专题展区。

☎ 415-3798000

⚘ 55 Music Concourse Drive，San Francisco

🎫 3岁以下免费；4～11岁19.95美元；12岁及以上和65岁及以上24.95美元；普通成人票29.95美元。

加州大学伯克利分校的萨瑟塔

15. 加州大学伯克利分校（University of California, Berkeley）

建于1868年，是美国最有名的高等学府之一。校园面积约50公顷，游客服务中心在牛津街和大学路拐角处。萨瑟塔、赫斯特大厦、演说大街以及斯普劳广场都很值得一看。

☏ 510-6426000

⊕ 101 Sproul Hall，Berkeley

16. 大盆地红杉国立公园（Big Basin Redwood State Park）

被列为世界文化遗产，拥有约7689公顷的红杉林，是个观赏森林美景的绝妙之地，游客可以看到高达100多米的"红杉之母"和2000岁的"红杉之父"。

红杉木

☏ 831-3388860

⊕ 21600 Big Basin Way，Boulder Creek

🎫 3美元

波特兰景点

1. 绮丽湖（Crater Lake）

绮丽湖

位于俄勒冈州西南部，是于7700年前由火山喷发而形成的湖泊，绮丽湖为圆形，直径约10千米，深约600米。

绮丽湖为美国最深的湖泊，距太平洋160千米，以水色的深蓝、水质的清冽享誉全球。四周环山融化的积雪为绮丽湖提供了丰富的水源。湖水湛蓝，与蓝天交相辉映，形成了水天一色的动人景观。

山顶上积雪终年不化，鸟兽罕至。这里没有一丝的尘土，更没有半点城市的喧闹声。宁静的景域、超凡的心境让人顿感心旷神怡。

绮丽湖的湖面很大，湖水平滑如镜，与天一色，加上白雪的映衬，美极了！真让人感到仿佛置身仙境。

绮丽湖接待中心

湖边的旅游接待中心附近有小购物中心与小咖啡吧，供游客休息和购买旅游纪念品，还设有为游人盖旅游纪念章的盖印处。

宁静美丽的绮丽湖是排名第五的美国国家公园，是休闲度假的宝地，陶冶心情的圣地。

541-5943000

Rim Dr.,Crater Lake

小贴士

多穿衣服

因常年积雪，来绮丽湖可要多穿些衣服。

165

2. 伍德本的奥特莱斯（Woodburn Mall）

距波特兰市约40千米，是俄勒冈州最集中的工厂直销店点，近百个知名品牌进驻于此，有美国本土的所有品牌店。走廊里的天窗，园林式风格的建筑都充满了迷人的美国西部特色。直销加免税优惠，让这里的货品物超所值，所以在这里购物更是您旅途中不可缺少的内容。

伍德本的奥特莱斯

503-2281367

North 1st. Street，Woodburn

3. 胡德雪山（MT. Hood）

位于波特兰市区东侧不到100千米的地方，是俄勒冈州最高的山峰，海拔3000多米，山顶四季积雪，有美国富士山之称。

胡德雪山是美国奥林匹克滑雪队的基地，滑雪区位于胡德雪山山顶，有4个四季滑雪场和多条著名雪道，去胡德雪山的路，两边都是茂密的森林，大多数迎面而来的车都要开着车灯。

慢慢驰近雪山，远方山峰间一两处被砍伐殆尽的区域露出了遮不住的雪色，点缀在满目深绿中，尤显突兀。行驶在盘山公路，那些白色的斑点忽远忽近，忽隐忽现，神秘无限。转过一个山腰，忽然露出一整片的雪山，配以蓝天白云，美得让人手忙脚乱。驶进了山区，雪更厚了，车窗外似乎很冷，但阳光毫无吝啬地直射进车窗，甚至会让你感觉有几分炙烤，这

通往胡德雪山的道路

种冰火感受，估计也就在这里才有。沿着漫长的盘山公路最终蜿蜒来到半山腰，这里是汽车能够通行的最后地点，从这里往上，就是雪山了。

在雪山上，可以看见几个精致的小湖，湖水清澈见底，围湖都是上百年的松树林，而胡德雪山就在你面前，一切是这样和谐与甜美！好像雪山是一位高大俊美的父亲，小湖是一位温柔甜美的女儿，满山的松树林是那慈祥的母亲，多么美妙温馨的一家！

胡德雪山山顶

胡德雪山有数个滑雪场，有职业运动员的训练场，也有爱好者的练习场。滑雪者可以乘坐缆车到达山顶，然后滑到山脚下。

4. 木屋酒店（Timberline Lodge）

在胡德雪山上，建于上世纪30年代，是一座六边形的建筑，木头建成，没有金属。木屋所用木材全部都是从胡德雪山上伐下来的整根雪松树干，能抵挡大雪的挤压。

木屋酒店

在木屋酒店，你可以品尝到极具美国西北风味的早餐——热枫浆加巧克力，还有加了白兰姆酒的浓咖啡和自制的汉堡，味道非常的浓郁。

☎ 888-6860127

🌐 27500 E Timberline Road，Timberline Lodge

5. 兰苏园（Lan Su Chinese Garden）

被波特兰当地人民视为这个城市最有价值的财富之一，它坐落在波特兰的唐人街边。这个仿中国明朝园林的公园是波特兰的友好城市——中国江苏苏州市协助建造的，是微缩的苏州园林。

进入这个园林立即会让游人感到乌托邦式的幽静和与自然的和谐。在前厅游人能看到门窗上的细腻雕刻，是三种冬天的植物：梅花、竹子和松柏。湖边的小亭和回廊增添了园林的幽静，水中的金鱼似乎是在欢迎来访的游人。游人可以在这里的茶室品尝到地道的龙井茶，坐望园林，真可使人忘却外界的喧嚣。兰苏园也是中国传统文化的交流场所，如中国的书法笔会、传统画展示和京剧表演等，都经常在这里举办。

📞 503-2288131

🏠 239 Northeast，Everett Street，Portland

🎫 儿童免费；成人9.5美元。

波特兰的兰苏园

6. 金花城石屋（Kam Wah Chung）

金花城石屋

在俄勒冈州东部的山区，有一个小镇叫约翰德，名字来源于美国领土西扩时的一个地质勘探员的名字。这个小镇位于格兰特郡，当地的人口只有2000人。就在这个偏远的小镇，有一座石屋，那就是"金花城石屋"。这座石屋曾经的主人是十九世纪八十年代来自中国广东的伍于念和梁光荣。在这里有一段与这两个中国人有关的传奇故事，这座石屋现已被美国联邦政府国家公园管理局批准为美国国家历史建筑。

1862年在约翰德发现了黄金矿，开启了当地的淘金热。上千人的中国劳工进入了这个地区。1882年中国广东台山县的伍于念随父亲和叔伯来到此地，加入了淘金大军。1888年伍于念同另一位华人梁光荣，购买了这个石屋，建立了他们的合伙公司——金花城有限公司，拥有中医背景的伍于念开始了他的行医生涯。由于那时没有抗生素，任何外伤感染都是致命的。而金矿和筑路工地都是外伤频发之地。伍于念用他的中药救助了上千的伤员，也赢得了当地人民的信任。

1918年美国发生大流感，死亡率高达30%，但伍于念的患者没有一例死亡。与此同时，伍于念的伙伴梁光荣已经成为当地最成功的商业人士，他是当地唯一一位福特汽车的代理商，并投资于银行业，在波特兰的国民银行有他永久的办公室。随着黄金潮的退去，华工转移了。二十世纪四、五十年代，梁光荣和伍于念相继离世，这座石屋的大门关闭了，金花城的故事被尘封了。

1967年当地政府决定打开这个关闭多年的石屋，当他们开启石屋大门时，所有的人都惊呆了，屋内所有的陈设都如同主人生前的样子。屋内的厨具、沙发、老收音机、中药制剂和草药，给病人使用的熊掌，甚至他们祭祀的贡品都原封不动地保留在屋内。用当时在场的工作人员的话说，屋内的陈设"就像主人只是出去喝茶了"。当地政府立即决定将金花城石屋和石屋内所有物品全部保留下来，作为博物馆。为此，当地政府投入了14万美元。

1974年当时太平洋大学的杰弗里·巴罗教授和他夫人克里斯蒂·理查森教授共同完成了他们历史纪实著作《约翰德的中医》，并于1979年第一次出版，以后再版于1997、2002和2007年。

1980年该博物馆有了一位职业的博物馆管理员，密海马尔女士，她在博物馆服务了25年，进入21世纪后，在当时的俄勒冈州州长夫人玛丽女士推动下，筹集了150万美元，建造了博物馆接待中心。

金花城是一个传奇，美国西部开发的传奇，中医故事的传奇。也是一个丰碑，记录了早期华人的艰辛，也记录了当地主流社会对华人贡献的认可和对差异价值的尊重。这里免费参观。

金花城石屋展览馆

7. 阿什兰小镇（Ashland）

1851年在这里发现金矿，1887年通了火车。阿什兰人口只有两万，但这里有美国一个重要文化产业——莎士比亚戏剧节。上世纪30年代由职业的戏剧人组织了戏剧演出，几十年来不断发展，现在每年2至11月的莎士比亚戏剧节有约800场的演出，2012年6月天津青年京剧团应邀参加莎士比亚戏剧节，并在"绿色舞台"演出了中国传统京剧《白蛇传》的折子戏"断桥"，这是中国传统京剧第一次登上了莎士比亚戏剧节的职业舞台。

阿什兰小镇

8. 华盛顿公园（Washington Park）

是个大型园地，气候特别适宜种植玫瑰，园内有国际玫瑰试验公园、日本花园等著名景点。

 503-8232525

SW Park Place,Portland

华盛顿公园

9. 国际玫瑰试验公园（International Rose Test Garden）

始建于1917年，种植了8000多株来自不同地方的玫瑰，是全美历史最悠久的玫瑰种植地和新品种试验场。

503-2277033

400 Southwest Kingston Avenue，Portland

10. 世界林业中心探索博物馆（World Forestry Center Discovery Museum）

占地约1840平方米，展馆设计符合各个年龄段游客的需求，在娱乐中就可以学习到保护环境与森林的重要性。

📞 503-2281367

📍 4033 Southwest Canyon Court，Portland

🎫 2岁以下免费；儿童6美元；62岁以上8美元；成人9美元。

11. 俄勒冈州科学及工业博物馆（Oregon Museum of Science and Industry）

馆内的展品是随时更新的，但天文馆、大银幕剧场和索克耶号潜艇是馆内保留的特色项目。展厅有很多互动活动，游客可以体验很多乐趣。

📞 503-7974000

📍 1945 SE Water Av.,Portland

🎫 儿童和老人9美元；成人12美元。

12. 波特兰州立大学（Portland State University）

坐落在波特兰的市中心，周边有波特兰市政厅和地方法院。校园中有一座古老的教堂。

波特兰州立大学

波特兰州立大学是俄勒冈州的公立大学，被《美国新闻和世界报导》评为在美最受欢迎的本科大学之一。学生的学习以俄勒冈州面临的经济和社会发展的挑战为内容，研究的课题服

波特兰州立大学孔子学院

务于社区的发展，"可持续发展"专业是该大学最具特色的专业，校园中有应对气候变化的零排放大楼，有研究经济发展和环境平衡的实验室，校园本身就是可持续解决方案的试验场。

波特兰州立大学的孔子学院已有五年的校史，是中国汉办在美国的优秀孔子学院的代表。它不但承担着在校内的汉语教学，也负责在俄勒冈州17个孔子学堂的汉语教学及在俄勒冈州中国文化的传播。

📞 503-7252285

🌐 631 SW Harrison Street, Portland

13. 波特兰港（Port of Portland）

波特兰港

位于波特兰市中心的威拉麦狄河和哥伦比亚河的交汇处，是内河深水港，与相连接的铁路和公路一起，构成了美国西北部重要的综合交通运输枢纽，是美国粮食、饲料和木材重要的出口港。近年来，包括汽车、钢铁产品、集装箱和液体散货等更加多样化的物资从这里运往世界各地。

由于波特兰港特殊的地理位置，到港口停靠的货轮都要经过波特兰市中心，每当大型货轮通过时，哥伦比亚河上的大桥就会开启。站在河岸边可以看到大桥开启的景象，蔚为壮观。

哥伦比亚河上的大桥

西雅图景点

1. 太空针塔（Space Needle）

位于西雅图市市中心，1961年动工，1962年的世界博览会开幕时正式对外开放，是西雅图的地标建筑，当年接待了230万的旅游者。

太空针塔

太空针塔高184米，地上部分重达9000吨。针塔的设计使其能抵御320千米/小时的风力，并可抗9.1级的地震。在塔的160米处是观景台，可以360度全景观看西雅图的市中心，电梯用41秒可送游人到观景台，每天有2万人到观景台参观。塔的150米高处是"空中城市"旋转餐厅，47分钟可转一周。

☏ 206-9052100

◉ 400 Broad Street，Seattle

💰 5～12岁儿童免费；成人5.5美元。

2. 西雅图中央图书馆（Seattle Public Library-Central Library）

坐落在西雅图市中心，钢结构的玻璃幕墙，共11层，总高56米，是西雅图公共图书馆系统的旗舰馆。

西雅图中央图书馆

中央图书馆面积34000平方米，藏书145万册并有其他资料，400台电脑向公众开放，馆内配有自动选书和传送设备及自助服务终端。一层是"微软"的视听阅览层。

☏ 206-3864636

◉ 1000 4th Avenue,Seattle

3. 华盛顿大学（University of Washington）

1861年成立，主校园位于西雅图的北部，距市中心约6千米。

华盛顿大学是一所世界级的著名大学，是美国西海岸历史最悠久的由政府资助的高等学府之一，是一所四年制的公立研究型大学，被誉为公立常春藤大学。

华盛顿大学从全世界吸收优秀教育人才，教授队伍阵容强大，拥有68位美国科学院院士，67位美国艺术和科学委员会委员，21位美国工程院院士，6位诺贝尔奖获得者，2名普利策奖获得者。

华盛顿大学在医学、生命科学、计算机科学、教育学、航空航天、公共关系、社会工作和海洋科学领域领先世界。2012年在校本科生30000名，研究生12000名。

闻名的华盛顿湖就坐落在校园的东边，如果从大学的南部进入校园，最先看到的是一条长而弯曲的华盛顿湖船运河，弯曲的运河上有一座桥梁，像松松拉着的彩带，轻抚着晶亮的柔波。

校园中的樱花是西雅图的一景，在樱花盛开的季节，花朵的密集胜过大雪压枝，任凭你如何想象都不过分。

☎ 206-5431300

⊕ 1013 Northeast 40th Street，Seattle

华盛顿大学

4. 波音埃弗雷特总装厂（Everett Factory）

位于西雅图的最北端，距市中心约40千米，邻近埃弗雷特南部，该工厂可以总装747、777、767等波音系列机型。

该工厂是波音的代表和骄傲，波音就是从这里起飞。许多国家领导人曾来这里参观访问。如邓小平、江泽民。

波音总部已经在9年前搬迁去了芝加哥，但波音工厂仍然留在了西雅图北郊的埃弗雷特。到了埃弗雷特，就感觉进了飞机城，极目望去全是不同机型的飞机。这里全年向游客开放。

425-4388100

8415 Paine Field Boulevard，Mukilteo

18美元（预约10美元）

波音埃弗雷特总装厂

5. 飞行博物馆（Museum of Flight）

是美国西海岸最大的飞行博物馆，位于西雅图南部，距市中心约10千米。

馆内大致有6个展区，约有145架飞机展出。在这里可登上美国总统专用的AIR FORCE 1，可看到黑鸟、幽灵、米格21、C-47等飞机的原形。

206-7645720

9404 East Marginal Way S，Seattle

儿童14美元；成人 20美元。

6. 太平洋科学中心（Pacific Science Center）

是一座多拱门的哥
特式建筑，有优美的喷
水池，内有镭射戏院、
电影院、天文馆、儿童
剧场，以及电影"侏罗
纪公园"里七只恐龙模
型等各类展品，很适合
孩子玩耍。

太平洋科学中心

☎ 206-4432001

☺ 200 2nd Avenue North，Seattle

🍴 儿童 3.5美元；老人、青少年5.5美元；成人6.5美元。

7. 派克市场（Pike Place Market）

有200多家商店，供应各类生鲜果蔬以及体现各地风俗的
手工艺品。市场内有充满异国情调的餐厅，有上百个海鲜摊
店，其中的一个鱼店别有特色，它不是整筐地把鱼运进店里，
而是通过抛接传递的方式把鱼一条条地运进店里，因此得到
了一个响亮的名字"飞鱼秀"（Pike Place Fish Stall），为此
常有人为之驻足。

☺ Pike Place Market,Seattle

派克市场

8. 开拓者广场（Pioneer Square）

是西雅图的诞生地。西雅图的古建筑群大多位于此，博物馆、艺术画廊以及餐厅和酒吧比邻皆是，充满文化历史风情。与广场相距两条街上，有一座克朗代克河淘金热国家历史公园，向世人展示着西雅图在淘金年代所扮演的重要角色。

开拓者广场

📞 206-6241783

🕐 600 1St. Avenue 406，Seattle

🎫 15美元（有解说）

9. 西雅图美术馆（Seattle Art Museum）

馆内展品涵盖了中世纪、文艺复兴时期，以及巴洛克时期欧洲和美洲的艺术品，其中还包括一个专门收藏西北当代艺术品的房间。

📞 206-6543210

🕐 1300 1St. Av.，Seattle

🎫 12岁以下由大人陪同免费；62岁以上5美元；成人7美元。

西雅图美术馆

10. 林地公园动物园（Woodland Park Zoo）

林地公园动物园

建于1889年，全美十大动物园之一，有近300种野生动物，园内模拟自然生态环境，有亚洲象森林区、热带雨林区等。棕熊区是这里最大的亮点，也是对阿拉斯加河流和山坡地貌景观的真实再现。

📞 206-5482500

📍 601 North 59th Street，Seattle

🎫 3岁以下免费；3～12岁7美元；成年人10美元。

11. 华盛顿湖（Washington Lake）

是华盛顿州仅次于奇兰湖的第二大湖，西邻西雅图，东濒贝尔维尤，南接伦顿，北靠肯莫尔。比尔·盖茨的千万豪宅就位于华盛顿湖畔。

📍 Seattle

华盛顿湖

12. 微软总部（Microsoft）

游客可在这里了解微软的产品、文化、历史，近距离地接触那些充满奇思妙想，成就卓著的设计师。大门周围的所有影像、声音和装饰都揭示了一个理念：人的潜力是无穷的，通过参观微软的产品，启迪人们认识并激发自身的潜能。

微软总部

☏ 425-8828080

⚐ 1157th Av. NE，Redmond

13. 瑞尼尔山国家公园（Mt. Rainier National Park）

瑞尼尔山是美国最高的火山，春夏季节，这里是远足的好去处，冬季，这里是双板、单板滑雪爱好者的世界。

☏ 360-5692211

⚐ 55210 238th Avenue East，Ashford

💲 5美元（7天通票）

瑞尼尔山国家公园

地下西雅图

19世纪中期，由于黄金潮和贯通美国东西铁路和公路的建设，大批劳工（包括来自中国的华工）涌入美国西部，在美国西北部的大城市出现了地上和地下两个世界。所谓的地下世界，在旧金山称为"唐人街下的密城"（Secret  City under China Town），在波特兰称为"上海隧道"（Shanghai Tunnels），而在西雅图则被称为"地下西雅图"（The Seattle Underground）。

地下西雅图

地下西雅图的出现与劳工涌入相关，也与当时西雅图建筑由木结构转向砖结构有关。这座地下之城将地上建筑的地下部分用通道连接起来，形成了完全的独立社会，由黑帮控制，既有地下工厂，也有赌场、妓院，是毒品和人贩子的交易地，许多进入了这里的人们再也没有见到过阳光，在地下的黑暗中度过余生。

上个世纪中叶，美国政府陆续关闭了这些地下城。1965年西雅图开辟了"地下西雅图之旅"的项目，以此向世人展示那段黑暗的历史。2004年开始只有成年人才可以到这里参观。

地下西雅图

东部景点
东部之旅示意图

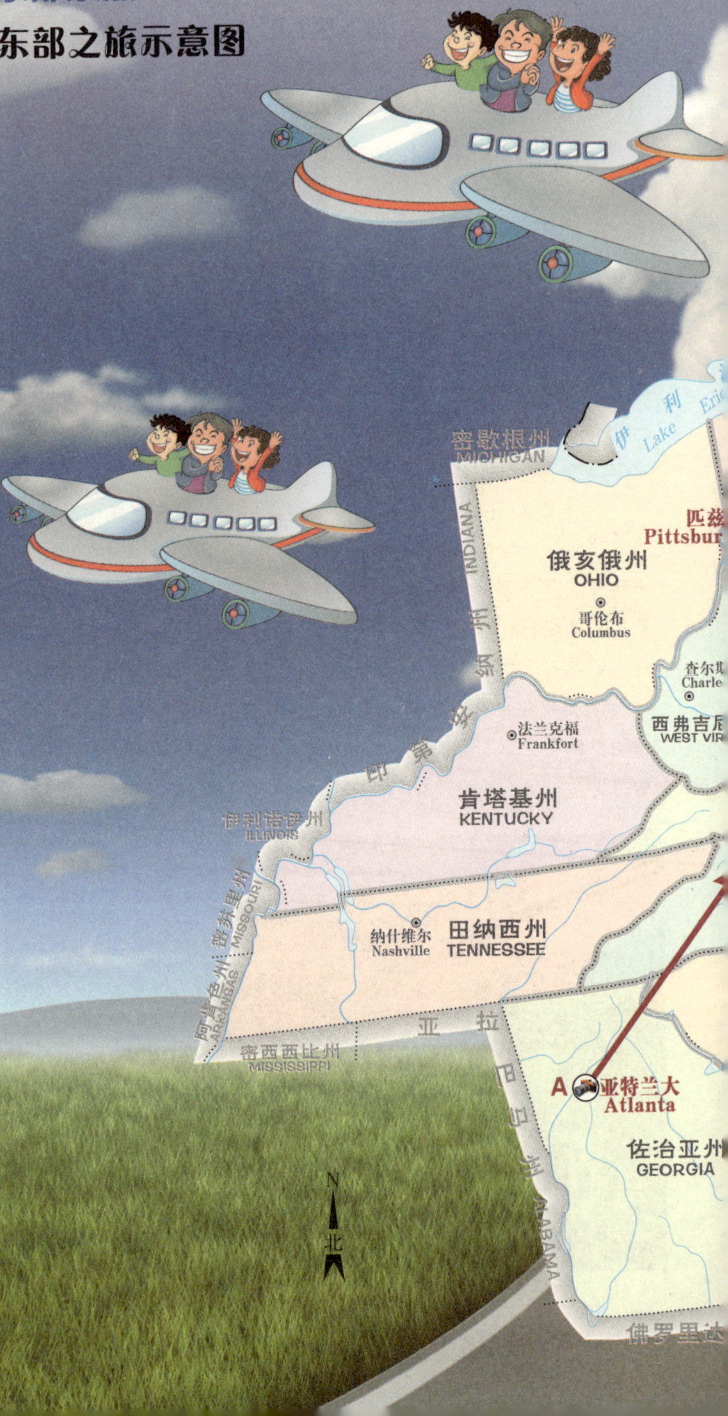

人文地理

密歇根州
MICHIGAN

伊利
Lake Erie

俄亥俄州
OHIO

匹兹
Pittsbur

INDIANA

哥伦布
Columbus

查尔其
Charle

西弗吉尼
WEST VIR

法兰克福
Frankfort

肯塔基州
KENTUCKY

伊利诺伊州
ILLINOIS

密苏里州
MISSOURI

纳什维尔
Nashville

田纳西州
TENNESSEE

阿肯色州
ARKANSAS

密西西比州
MISSISSIPPI

亚 拉 巴

A 亚特兰大
Atlanta

佐治亚州
GEORGIA

ALABAMA

N
北

佛罗里达

亚特兰大景点

1. 玛格丽特·米切尔故居博物馆（Margaret Mitchell House）

位于亚特兰大市中心。在这里可以欣赏到美国著名小说《飘》的作者——玛格丽特·米切尔的生平纪录片，了解《飘》的创作环境，以及影片《乱世佳人》的一些相关历史图片资料。

玛格丽特·米切尔故居博物馆

玛格丽特·米切尔创作的《飘》就是在这里问世的，由这部惊世之作《飘》改编而成的《乱世佳人》曾获得了八项奥斯卡金像奖。

404-8144000

130 West Paces Ferry Road，Atlanta

4～12岁8.5美元；13～18岁、65岁及以上10美元；成人13美元。

2. 马丁·路德·金国家历史遗址（Martin Luther King National Historic Site）

位于亚特兰大市中心以东，主要有展览中心、马丁·路德·金出生地、埃比尼泽教堂以及马丁·路德·金的坟墓等景点。

马丁·路德·金国家历史遗址

马丁·路德·金——最初的美国黑人民权运动领袖，他那篇著名的《我有一个梦想》的演讲仍然在人们耳边回荡，他就是用自己的言语和精神，影响并改变了美国。

404-3315190

450 Auburn Av. NE, Atlanta

3. 可口可乐世界（World of Coca Cola）

位于亚特兰大市中心奥林匹克公园旁，这里记录着可口可乐公司的发展，直观地展示了美国的快餐文化。在这里，只需要一张15美元的品尝券，就可以畅饮可口可乐的超过70种口味的所有饮料。

可口可乐世界

📞 404-6765151

🌐 121 Baker Street NW，Atlanta

🎫 3岁以下免费；3～12岁12美元；65岁及以上14美元；13～64岁16美元。

4. 美国有线电视中心（CNN Center）

美国有线电视中心

位于亚特兰大市中心奥林匹克公园旁，是世界最重要的电视媒体之一，是第一个24小时播出的电视新闻频道，是个开放的电视频道，在全世界的212个国家和地区拥有10亿的电视观众。参观者可以透过玻璃幕墙，看到新闻节目制作和播出的真实现场。感受在当今的信息化时代，电视媒体，特别是主流电视媒体，对我们生活和思维所产生的影响。

📞 404-8272300

🌐 190 Marietta St. NW，Atlanta

🎫 4～12岁12美元；13～18岁学生凭学生证、65岁以上14美元；成人15美元。

5. 亚特兰大植物园（Atlanta Botanical Garden）

有美丽的专类类花园、高地疏林、妙趣横生的儿童花园、宏伟壮丽的热带温室，并设有与教学节目结合的综合性多功能植物园，是一个集收集、研究、教育为一体的植物园。

404-8765859

1345 Piedmont Avenue NE，Atlanta

3岁以下免费；3~12岁12.95美元；13岁及以上、成人18.95美元。

亚特兰大植物园

6. 福克斯剧院（Fox Theatre）

是城市地标性建筑，是壮观的摩尔风格和伊斯兰建筑元素的融合，集音乐、电影和戏剧于一体，每天晚上都有电影、音乐戏剧的精彩演出。

404-8812100

660 Peachtree Street NE, Atlanta, Georgia

福克斯剧院

10岁及以下儿童免费；老人及军人15美元；11岁及以上、成人18美元。

亚特兰大奥林匹克公园

7. 亚特兰大奥林匹克公园（Centennial Olympic Park）

　　在1996年前，为准备奥运会，当地人积极募捐，方式是购买奥林匹克公园的砖，每块砖上都有名字或留言。共卖出了50万块砖，筹集了1750万美元，现在这些砖铺在公园的人行道上。

📞 404-2234412

📍 265 Park Av. West N.W.，Atlanta

8. 石山公园（Georgia's Stone Mountain State Park）

　　是美国南北战争时的著名遗迹，园内有世界上最大、最壮观的石雕——南部领袖浮雕、南北战争前的种植园、旧式火车、旧式蒸汽船等。

📞 770-4985690

📍 1000 Robert E. Lee Blvd，Stone Mountain

🎫 3～11岁22美元；12岁及以上、成人28美元。

华盛顿哥伦比亚特区景点

1. 国家广场（National Mall）

是美国最著名的公共空间，周围博物馆、纪念堂景点林立，站在广场，国会山尽收眼底。公民们在这里集会，享受阳光或感受社会文化。

国家广场

☎ 202-4266841

◉ 7th St. NW & MadisonDr NW, Washington

2. 白宫（the White House）

位于华盛顿市中心，是美国政府总统任期内办公并和家人居住的地方，是政府举行重大聚会的地方，也是世界上唯一定期向公众开放的国家元首的官邸。这座18世纪末英国乡间别墅风格的三层楼房，宽敞、坚固、典雅，给人一种超越时代的感觉。如今的白宫已经历了二百多年的风风雨雨。

说起白宫的建造师，大家都觉得不可思议，会感叹在当时的美国能够做到如此的包容。因为这座建筑物的设计师既不是美国本土人，也不是殖民的英国人，而是爱尔兰裔的詹姆斯·霍本。截止到奥巴马，白宫已经入住了45任总统。

白宫

白宫一共有三层，扩建至今已有132个房间。从正门进入的国家楼层共有五个主要房间。由西至东依序是：国宴室、红室、蓝室、绿室和东室。

报道说，白宫经历的最严重火灾是在1814年。当时，美国与英国处于战争状态，双方于1812年开始的战争进入第三年时，英国军队攻陷美国首都华盛顿，将白宫付之一炬。

☎ 202-4561111

⊕ 1600 Pennsylvania Avenue NW，Washington

🎫 免费（但美国公民需向国会议员预约，非美国公民需要本国使领馆批准）

🕐 星期二至星期四7:30至中午11:30，星期五至星期六7:30至13:30

3. 林肯纪念堂（Lincoln Memorial）

坐落在华盛顿特区国家广场西侧，国家大草坪西端的波托马克河东岸上。

林肯纪念堂

纪念堂是一座用通体洁白的花岗岩和大理石建造的仿古希腊巴特农神庙式建筑，长约58米，宽约36米，高约25米，是为纪念南北战争中去世的美国总统亚伯拉罕·林肯而建。

林肯纪念堂外廊四周共有36根石柱，柱高13.4米，底部直径2.26米，象征着林肯在世时美国的36个州。纪念堂顶部护墙上有48朵下垂的花饰，代表纪念堂落成时美国的48个州，廊柱上端护栏上刻着48个州的名字。

走进纪念堂，一座大理石的林肯雕像放置在纪念馆正中央，他的手安放于椅子扶手两边，神情肃穆。雕像上方是一句题词"林肯将永垂不朽，永存人民心里"。著名的林肯葛底斯堡演说和他第二次就职演讲词刻在了大理石墙上。

☎ 202-4266841

⊕ Circle SW & 23rd St. NW, Washington

4. 华盛顿纪念碑（Washington Monument）

华盛顿纪念碑

位于华盛顿市中心，是一座大理石方尖碑，由于华盛顿特区任何建筑物的高度都不可以超过华盛顿纪念碑，因此，它成为了华盛顿特区的地标，登顶可以鸟瞰城市全景。

这座170米的纪念碑是为纪念美国开国总统乔治·华盛顿而建，它象征着这位总统在美国人民心中地位和影响，表明了他无人能及的卓著功绩。

纪念碑内部的高速观光电梯仅需一分钟就可以把游客从地面带入碑的顶部，将全市景色尽收眼底。

耀眼无瑕的白色几乎让纪念碑通体发光，体现了美国人民对华盛顿辉煌功绩的颂扬。乔治·华盛顿不仅是一位富有天才的军事家和政治家，他在气度和品格方面也为美国人民树立了典范。

📞 202-4266841

📍 Constitution Avenue and 15th Street NW, Washington

🎫 免费，但是每日门票限量发放

5. 国会大厦（United States Capitol）

位于华盛顿市中心，从1800年起就作为美国的立法机构，是参议院和众议院起草和通过法律的地方。建筑仿照巴黎万神庙，是古典复兴风格建筑的代表作，历届总统在此举行就职典礼。

国会大厦占据着全市最高的位置，象征着美国开国政治家汉密尔顿的那句名言："这里，人民统治一切"。国会大厦以纯净、高雅的乳白色作为整个大厦的唯一颜色，简单而不失庄严。

☎ 202-2268000

📍 E Capitol St. SE & 1St. St. NE, Washington

国会大厦

6．托马斯·杰斐逊纪念堂（Thomas Jefferson Memorial）

位于华盛顿市中部，潮汐湖南端，是按托马斯·杰斐逊所喜爱的罗马神殿式圆顶建筑

托马斯·杰斐逊纪念堂

风格设计的，高约29米，在他诞辰200周年的1943年4月13日落成，并对公众开放。

大厅中央耸立着高近6米的托马斯·杰斐逊总统立身铜像，身后的石壁上，镌刻着托马斯·杰斐逊生前的话。

站在纪念堂北面的大斜坡状台阶上，可以看到8根大石柱支撑的门廊山墙上一组庄严的大理石浮雕。浮雕内容是美国独立前夕，托马斯·杰斐逊等5人受大陆会议委任，起草《独立宣言》的情景。托马斯·杰斐逊站在中间，左侧是本杰明·富兰克林、约翰·亚当斯，右侧是另两位合作者罗杰·谢尔曼和罗伯特·利文斯顿。

📞 202-6197222

📍 E Basin Dr SW & Ohio Dr SW, Washington

🎫 免费。每日8：00—24:00开放。

7. 美国国家历史博物馆（National Museum of American History）

是美国最大的历史博物馆，展出具有美国特色的日常物品。仿佛是历史的画卷，形象地展示了各国移民到达美洲大陆后艰

美国国家历史博物馆

苦创业、开发技术、共同努力创造一个统一的、不断发展的、具有先进水平的大国的历史。

📞 202-6331000

📍 14th Street and Constitution Avenue, N.W., Washington

8. 国家档案馆（National Archives）

馆内珍藏了《独立宣言》、《宪法》、《人权法案》(Bill of Rights)的原件和英国《大宪章》(Magna Carta)4份复制本中的1份以及暗杀约翰·F·肯尼迪总统的来复枪的复制品。

📞 866-2726272

📍 700 Pennsylvania Av. NW, Washington

9. 国家艺术馆（National Gallery of Art）

由贝聿铭设计，其藏品的丰富程度不亚于纽约的大都会艺术博物馆。西侧以展出中世纪至20世纪初欧洲的艺术品为主，东侧的现代画作与雕塑大部分比较抽象。

☎ 202-7374215

⌖ 4th and Constitution Avenue NW, Washington

10. 潮汐湖（Tidal Basin）

是一个人工水库，湖边有3000株樱花，是每年春天举办国家樱花节的重要场所。

☎ 202-4840206

⌖ 1501 Maine Av. SW, Washington

潮汐湖

11. 国家航空航天博物馆（National Air and Space Museum）

这里有以莱特兄弟命名的飞机，还有战斗机、导弹、登月的阿波罗11号的模型，充分展示了空间和飞行技术。此外，星际迷航模型展览和月球岩石触摸等也是不可错过的项目。

国家航空航天博物馆

☎ 202-6332214

⌖ Independence Av. at 6th Street, SW, Washington

12. 国立亚洲艺术博物馆（National Museum of Asian Art）

由赛克勒美术馆和弗里尔美术馆组成，藏品从公元5000多年前的各色玉雕到朴拙典雅的甲骨文和各色各样的字画、瓷器、陶罐，从印度、尼泊尔的佛像到日本的木雕，可以深入了解亚洲文明。

202-6334880

1050 Independence Av. SW，P.O. Box 37012, MRC 707, Washington

13. 五角大楼（Pentagon）

世界上最大的单体办公大楼，美国的军事心脏——美国最高军事指挥机关所在地，美国"海、陆、空"三军总部，美国国防部办公地。

五角大楼

703-6971001

1600 Defense Pentagon, Washington

14. 美国二战纪念碑（National World War II Memorial）

由56个纪念碑组成了椭圆形碑群，分别代表当时美国的48个州，还有夏威夷、阿拉斯加和几个参战的美国海外属地。西侧弧形的自由墙上镶嵌着4048颗金星，代表二战中牺牲的40万美国士兵。

202-6197222

17th St. SW, Washington

15. 福特剧场和林肯博物馆（Ford's Theatre & Lincoln Museum）

福特剧场至今仍在营业，林肯1865年4月14日在剧场的包厢里被布斯刺杀，因而在福特剧场的地下室建立了林肯博物馆，陈列了有关此次刺杀事件的史料。

☎ 202-3474833

⊕ 511 10th St. NW, Washington

🎫 福特剧场票价随演出而变；林肯博物馆免费。

16. 美国国会图书馆（Library of Congress）

是美国历史悠久的联邦文化机构，世界上最大的知识宝库，在美国文化中占有重要地位。该馆藏有中国缺失的一些中国古典书籍。

☎ 202-7075000

⊕ 101 Independence Av.,SE，Washington

美国国会图书馆

17. 乔治城大学（Georgetown University）

是华盛顿最负盛名的综合性私立大学，保留了不少十八、十九世纪的建筑。国家关系、外交史和国际政治是该大学最有名气的专业，这里培养了众多的政治家和外交家。

☎ 202-6870100

⊕ 37th and O Streets, N.W., Washington

巴尔的摩景点

1. 爱默生塔楼（Emersion Tower）

建于1911年，位于巴尔的摩市中心，是文艺复兴风格的塔楼，是美国国家历史建筑，高88米，共15层，第15层是由一座钟围合而建。这座塔楼在1911年到1923年一直是这座城市的最高建筑，曾一度被弃用。

2. 华盛顿纪念碑（Washington Monument）

白色大理石材质，高54米，塔内有228个台阶，可以登到塔顶，始建1815年，1929年完成，由罗伯特·米尔斯（华盛顿哥伦比亚特区华盛顿纪念碑的设计师）设计。

华盛顿纪念碑

3. 巴尔的摩国家水族馆（National Aquarium in Baltimore）

1981年建成，并对公众开放，2003年成为国家水族馆。这里有660个物种的16500个标本性动物、热带雨林馆、大西洋珊瑚馆、大洋鲨鱼馆、澳大利亚野生馆、4D影院和海洋哺乳动物馆。除此，还有8只大西洋海豚。

📞 410–5763800

📍 501 East Pratt Street, Baltimore, MD 21202

🎫 3～11岁21.95美元；65岁及以上29.95美元；12岁～64岁34.95美元。

4. 约翰·霍普金斯大学（Johns Hopkins University）

成立于1876年，是巴尔的摩市的一所研究型私立大学，是用它的捐赠人的名字而命名的。

1873年单身的企业家约翰·霍普金斯去世，留下了700万美元的财产，希望能在巴尔的摩建立一所医院和大学。三年后他的遗愿得以实现。

大学内有医学院、公共健康学院、护理学院、艺术科学学院、高级国际问题研究院、工程院、教育学院、商学院和应用物理实验室，并在新加坡和中国的南京设有分校。这里走出了36位诺贝尔奖金获得者。

📞 410–5168171

📍 3400 N. Charles St.,Baltimore,

约翰·霍普金斯大学

费城景点

1. 费城自由钟钟楼（Liberty Bell）

位于费城市中心，独立厅的北面，是必看的景点。自由钟是世界最著名的钟，订制于伦敦的Whitechapel铸钟厂，1752年送达费城。

该钟高约1米，重900公斤，有一个大裂缝。钟面上刻有铭文："直到各方土地上的所有居民均宣告自由"。

自由钟曾为第一次宣读《独立宣言》而鸣响，是美国精神的象征，它在美国的知名度仅次于自由女神像。

📞 215-9652305

🌐 526 Market St.,Philadelphia

费城自由钟钟楼

费城自由钟

2. 宾夕法尼亚大学（University of Pennsylvania）

创建于1740年，是美国一所著名的私立研究型大学，是美国第四古老的高等教育机构，以及美国第一所现代意义上的大学。独立宣言的9位签字者和美国宪法的11位签字者均与该校有关。本杰明·富兰克林是这所学校的创建人。

宾夕法尼亚大学是许多教育创新的发源地。北美洲第一个医学院（1765年），第一个大学商学院（沃顿商学院，1881年），以及第一个学生会组织（1896年）都诞生于宾夕法尼亚大学。

宾夕法尼亚大学现已成为拥有12所学院，多个系、研究所和研究中心的世界一流研究型大学。在2013年度《美国新

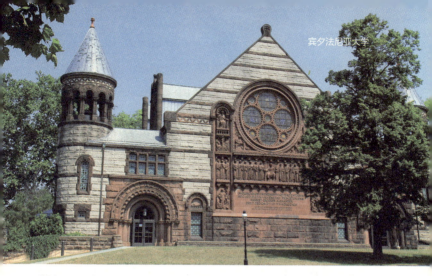

宾夕法尼亚大学

闻与世界报导》杂志的全美大学排名中排名第五，该大学的商学院——沃顿商学院，在美国近30年内的本科商学院排名都是第一。

宾夕法尼亚大学人才辈出，如：沃伦·巴菲特、地产之王唐纳德·特朗普、网络企业思科系统公司创始人莱奥纳德·波萨克、以及在中国近现代建筑史与文学艺术史上留下浓墨重彩的梁思成、林徽因夫妇、著名物理学家也曾被誉为"太空材料之母"的宾夕法尼亚大学自建校两百多年来第一位中国博士林兰英，等等。而在宾夕法尼亚大学众多优秀校友中，还有一位我们应当给予更多的笔墨，他就是著名的建筑设计大师——贝聿铭。

贝聿铭——建筑奇才，美籍华人，1983年普利兹克奖得主，被誉为"现代建筑的最后大师"。其代表作品有美国华盛顿特区国家艺术馆东翼、法国巴黎卢浮宫的扩建工程玻璃金字塔、肯尼迪图书馆、香山饭店、中银大厦、德国历史博物馆等等。

贝聿铭是江苏苏州的名门之后，1927年，他回到上海读中学，后来就读于上海圣约翰大学。1935年他远渡重洋，到美国留学。父亲原来希望他留学学习金融，但他没有遵从父命，而是依自己的爱好进入美国宾夕法尼亚大学攻读建筑系。

1948年，纽约市极有眼光和魄力的房地产开发富商威廉·柴根道夫，打破美国建筑界的惯例，首次聘用中国人贝聿铭为建筑师，担任他创办的韦伯纳普建筑公司的建筑研究部主任。柴根道夫和贝聿铭，一个是有经验、有口才、极其聪明的房地产建筑业富商，一个是学有专长、极富创造力的建筑师。两人配合，相得益彰，是一对事业上的理想搭档。他们合作达12年之久，这使贝聿铭在美国建筑界初露头角，也奠定了他此后数十年的事业基础。

人们称贝聿铭为建筑设计界的"奇才"、"现代派设计大师"，这绝非溢美之词。悬挂在他办公室墙上的幅幅奖状就是最好的证明。美国全国建筑学院1979年向贝聿铭颁发了金质奖章，1982年推选他获得"最佳大型普利兹克建筑学奖金"。总部设在纽约的"亚洲协会"向他颁奖，表彰他为中国和其他亚洲国家在建筑设计上所做的杰出贡献，上海同济大学授予他"名誉教授"的称号。

☎ 215−8985000

⊕ 3451 Walnut Street, Philadelphia

3. 费城造币厂（the United States Mint in Philadelphia）

位于费城市中心，始建于1792年。这里陈列着当年用来造币的原始造币机、美国第一届总统任期内财政部的公章，以及各种纪念硬币。这里是美国第一家造币厂，是专门制造用于流通的所有硬币面值的工厂之一。

费城造币厂

2007年费城造币厂出现了一起错印事故：一批数目不详的印有乔治·华盛顿一元硬币漏印了"我们信奉上帝"和其他一些边缘文字。对于一家历史悠久的造币厂来说，这起意外虽不足以使其蒙羞，但这批硬币却由此成为市场的宠儿，现在这批硬币单个的售价已经超过了400美元。

📞 215-4080114

🕐 151 North Independence Mall East Philadelphia

🚫 场内不允许拍照

4. 独立厅（the Independence Hall）

是《独立宣言》起草和签署的地方，也是第一部联邦宪法的诞生地。

独立厅

📞 215-6839408

🕐 520 Chestnut Street, Philadelphia

5. 国家宪法中心（National Constitution Center）

向观众生动地展示了美国宪法的历史与今天，这里有别出心裁的互动投票亭、签名者大厅和栩栩如生的宪法签名者铜像。

📞 215-4096600

🕐 525 Arch Street，Independence Mall, Philadelphia

💰 现役军人免费；4～12岁8美元；13～18岁学生凭学生证、65岁以上13美元；成人14.5美元。

国家宪法中心

6. 国家独立历史公园（Independence National Historical Park）

保存着许多见证美国革命和建国历史的文物，因此也被称为"美国最具历史意义的一平方英里*"。

📞 800-5377676

📍 One North Independence Mall West，6th and Market Streets Philadelphia

国家独立历史公园

7. 市政厅（City Hall）

是世界上最高的无钢筋石制建筑，曾是美国最宏伟的建筑之一。建筑的顶端是费城的创建者威廉·佩恩的青铜雕塑。从钟塔楼可以眺望远方富兰克林大桥和新泽西州的美景。

📞 215-6862840

📍 1450 John F Kennedy Blvd, Philadelphia

市政厅

8. 罗丹博物馆（Rodin Museum）

博物馆内收藏了法国天才艺术家、雕塑大师——罗丹的许多重要作品，如《思想者》、《加莱义民》、《亲吻》和《地狱之门》等，是除法国之外，收藏罗丹作品最多的地方。

📞 215-5686026

📍 2151 Benjamin Franklin Parkway，Philadelphia

🎫 12岁及以下免费；13～18岁学生凭学生证6美元；65岁以上7美元；成人8美元。

*一平方英里=2.58998811平方千米

9. 费尔蒙特公园（Fairmount Park）

地跨斯古吉尔河东西两岸，环境非常优雅，是全美国最大的市内公园，内有数百万棵树木和美国最古老的动物园，曾是1876年美国独立百年博览会会址。

☎ 215-6830200

☺ Fairmount Park，Philadelphia

10. 富兰克林科学博物馆（Franklin Science Museum）

是为了纪念本杰明·富兰克林的非凡成就而成立的博物馆，是宾夕法尼亚州访问量最大的博物馆。

富兰克林科学博物馆

这里涉及到生物、天文、大气等一系列与人类息息相关的展品，非常适宜孩子们参观。

☎ 215-448-1200

☺ 222 N. 20th Street, Philadelphia, PA 19103

11. 意大利市场（Italian Market）

是费城南部最受欢迎的地方，同时也是美国最古老、最大的露天市场。来自各地的商贩在这里兜售各种新鲜的农产品、奶酪、意大利面食和糕点等。

意大利市场

☎ 215-2782903

☺ South 9th Street，Philadelphia

葛底斯堡镇景点

1. 国家公墓（Gettysburg National Cemetery）

国家公墓

是联邦政府建立的，是林肯总统发表演说的场所，安息在墓地周围的并不仅仅是获胜一方的北军将士，南北双方的阵亡将士在这里平等地分享着他们的空间。

走出国家公墓不远，就是当年双方激战的战场。北军的工事筑在战场东南边的小高地上，高地一侧竖立着北方各州分别为各自的阵亡将士建立的纪念碑。南军的阵地在约1.6千米外，与之遥遥相对。阵地边上，也竖立着南方各州为自己的阵亡将士建立的纪念碑。

2. 葛底斯堡历史博物馆（Gettysburg Museum of History）

详尽展示了葛底斯堡战役当时的时局，以及这场战争的整体战况。此外，馆内展品从内战后的近代史到现代大事，均有涉猎，记录着美国的演变史。

717-3372035

219 Baltimore St., Gettysburg

3. 艾森豪威尔国家历史遗迹（Eisenhower National Historic Site）

由艾森豪威尔总统曾经的家园和农场组成。这里曾是世界各国领导人的聚会场所。农场周围有宁静的环境，为领导人提供了一个远离华盛顿，可以休息和减少冷战紧张情绪的好场所。

717-3389114

250 Eisenhower Farm Ln, Gettysburg

4. 葛底斯堡国家军事公园（Gettysburg National Military Park）

位于葛底斯堡南部，在约2400公顷的范围内，有1320座纪念碑、410门大炮、148座历史建筑，还有20多个博物馆。生动而详尽地重现了葛底斯堡战役的壮烈场面。

葛底斯堡国家军事公园

📱 216-5241497

📍 1195 Baltimore Pike 100号, Gettysburg

🎫 5岁及以下免费；6~12岁 8.50美元；65岁及以上、军人11.50美元；13岁~64岁12.50美元。

葛底斯堡国家军事公园

匹兹堡景点

1. 美国钢铁大厦（U.S. Steel Tower）

美国钢铁大厦

位于匹兹堡市中心，是匹兹堡最高的大楼，也是城市的地标。大厦形如其名，其身是黑色的钢铁，给人以坚固挺拔的感觉，诠释了匹兹堡"钢都"的称号。

该大厦竣工于1970年。上世纪80年代该大厦曾被改称USX塔，但匹兹堡人浓重的历史情感使得美国钢铁大厦的名字重归于它。

✆ 412-2616600

☺ 600 Grant Street，Pittsburgh

2. 匹兹堡大学（University of Pittsburgh）

匹兹堡大学

始建于1787年，是匹兹堡历史悠久的综合性半公立名牌大学，在全美公立大学中排名前20位，它的医学院、生物技术、哲学、信息科学和国际研究在美国大学中名列前茅，拥有多位诺贝尔奖和普利策奖得主。匹兹堡大学医学中心（UPMC）下属22个医院，是美国最成功的区域性医院之一，以神经外科、器官移植、基因治疗最为闻名。

✆ 412-6244141

☺ University of Pittsburgh

3. 学习大教堂（The Cathedral of Learning）

42层，高160.5米，是新哥特式建筑，是匹兹堡大学的主教学楼，是世界上第二高的教育建筑，是匹兹堡的标志性建筑之一。

学习大教堂

☏ 412-6246000

⚲ University of Pittsburgh, 4200 5th Av.

🍴 免费，但参观各国主题教室需要3美元讲解费。

4. 阿勒格尼天文台（Allegheny Observatory）

是世界上最主要的天文研究机构之一，每年4月至10月晚8:00至10:00局部对公众开放，游客可以通过9.9寸的望远镜观察恒星和行星。

☏ 412-3212400

⚲ 159 Riverview Av., Pittsburgh

🍴 免费，但需提前预约。

阿勒格尼天文台

5. 卡内基梅隆大学（Carnegie Mellon University）

与匹兹堡大学仅一街之隔，是美国顶级、享誉世界的私立研究型大学，学校小巧，学科门类不多，但其设立的几乎所有专业都居于世界领先水平。约翰·纳什、希尔伯特·西蒙、茅以升、李开复均毕业于此。

卡内基梅隆大学

该校由钢铁大王兼慈善家安德鲁·卡内基于1900年创建，当时名为卡内基技术学校。它的工学院、商学院、艺术学院、公共管理学院以及计算机科学等都享有盛名。其计算机科学和麻省理工学院并列全美第一。在计算机软件领域该校占有特别的位置，美国软件工程协会（SEI）的许多标准由该校制定，如软件外包的重要认证标准，能力成熟度模型（CMM）等。

412-2682000

5000 Forbes Avenue, Pittsburgh

6. 卡内基科学中心（Carnegie Science Center）

科学中心的第五层是以"机器人世界"为主题的展览，全部是互动游戏。给孩子们提供了一个寓教于乐的环境。

卡内基科学中心

412-2373400

1 Allegheny Av., Pittsburgh

儿童11.95美元；成人17.95美元；全景电影或激光展示另加5美元。

7. 卡内基自然科学博物馆（Carnegie Museum of Natural History）

存有完整的恐龙古化石，还设有展示动植物标本的房间，拥有2200万个标本，是北美洲古生物学的发祥地，全球古生物学者心中的圣地。

☎ 412-6223131

◎ 4400 Forbes Avenue, Pittsburgh

💰 会员及3岁以下免费；3～18岁11.95美元；65岁及以上14.95美元；成人17.95美元。

8. 迪尤肯大学（Duquesne University）

有130年历史的迪尤肯大学是全美顶级的天主教大学之一，大学共有十个学院：商学院、教育学院、法学院、健康科学学院、领导学学院、文学院、音乐学院、

迪尤肯大学

艺术学院、护理学院和药学院，其中商学院连年被"彭博社"评为美国最佳的100个商学院之一。也是在美国宾夕法尼亚州唯一被列入"最佳财务效率"的20所大学之一。

☎ 412-3966222

◎ 600 Forbes Ave., Pittsburgh

9. 华盛顿山（Mount Washington）

山路陡峭曲折，半山腰有经过修复的庞大的煤矿和铁路产业建筑群，有百年历史的缆车车站，它让人感到了历史的沧桑，使人仿佛回到了百年前的钢都时代。这里是拍照匹兹堡全景的理想之地。

☎ 412-4813220

◎ Mount Washington，Pittsburgh

纽约景点

1. "无畏舰"航母上的海、空博物馆（Intrepid Sea, Air and Space Museum）

陈列了二战时期的飞机，还有潜艇、无人机，以及2012年退役的"企业"号航天飞机也陈列在此。

212-2450072

Pier 86, W 46th St. and 12th Av., New York

3岁以下、现役军人免费；3～6岁10美元；7～17岁17美元；退伍军人15美元；大学生凭证件、62岁以上18美元；普通成人22美元。

2. 时代华纳中心（Time Warner Center）

位于中央公园的西南角外，有两座塔楼。曾经是古老的纽约大剧场的旧址，如今已是一个多层商业中心。

212-8236000

10 Columbus Circle, New York

3. 林肯表演艺术中心（Lincoln Center for the Performing Arts）

是美国最大的表演艺术中心，是著名的大都会歌剧院、爱丽丝塔利厅、艾弗里·费雪音乐厅、纽约爱乐乐团的所在地。

212-8755350

10 Lincoln Center Plaza, Broadway & 64th Street, New York

票价依演出的曲目和艺术展示的内容而定。

林肯表演艺术中心

4. 百老汇大街（Broadway）

是纵贯曼哈顿南北的一条老街道，在这条街上坐落着许多历史建筑。在跨过第七街的区域内有许多剧院，许多音乐和歌剧的表演都在这个地区，所以被人们称作剧院区。

百老汇大街

📞 212-6786500

🌐 Broadway，Manhattan, New York

5. 中央公园（Central Park）

1873年建成，位于曼哈顿区中央，是全世界大都市中最美的城市公园之一，是镶嵌在都市中的一片绿洲，被称为"纽约的后花园"。主要景点包括绵羊草坪、草莓园、中央公园动物园、眺望台城堡、毕士达喷泉等。

📞 212-3106600

🌐 59th to 110th St., from Central Park West. to 5th Av., New York

🎫 大部分景点免费，部分剧院、游乐场或者活动需要门票。

中央公园

6. 纽约公共图书馆（New York Public Library）

是美国最大的市立公共图书馆，是市民文化机构，谁都能进去。由主馆和85个分馆组成。截止到1992年

纽约公共图书馆

底，馆藏1647万册（件），其中图书410万册，期刊2万种，手稿、地图、图片等共有1000万件。

📞 212-9300800

📍 476 5th Av. and 42nd St., New York

7. 美国自然历史博物馆（American Museum of Natural History）

1869年面向公众开放，是世界上规模最大的自然历史博物馆，占地面积约为7公顷，是一座罗马风格与文艺复兴样式兼具的雄伟大厦。

美国自然历史博物馆

馆藏品包括天文、矿物、人类、古生物和现代生物5个方面，有大量的化石，以及恐龙、禽鸟、印第安人和爱斯基摩人的模型。所藏宝石、软体动物和海洋生物标本尤为名贵。最著名的是3个恐龙厅、海洋生物厅以及罗斯地球与太空研究中心。

📞 212-7695100

📍 Central Park West at 79th Street，New York

🎫 2～12岁12.50美元；13～17岁、老人17美元；成人22美元。

8. 大都会艺术博物馆（Metropolitan Museum of Art）

大都会艺术博物馆

建于1880年，坐落在曼哈顿的第五大道上，是美国最大的艺术博物馆，内有5大展厅：欧洲绘画、美国绘画、原始艺术、中世纪绘画和埃及古董展厅，330万件展品。

📞 212-5357710

🕐 1000 Fifth Avenue at 82nd Street，New York

🎫 12岁以下（在大人陪同下）免费；13～17岁12美元；65岁以上17美元；成人25美元。

9. 洛克菲勒中心（Rockefeller Center）

位于曼哈顿市中心的第五大道上，是为纪念小约翰·戴维森·洛克菲勒而建，它号称是20世纪最伟大的都市计划之一。建筑高低错落，非常独特，由19栋大楼组成，各大楼底层是相通的。最核心的建筑是"无线电城音乐厅"和"通用电器大楼"。

洛克菲勒中心以圣诞树、溜冰场、"巨石之巅"观景台、无线电城音乐厅，以及数不胜数的购物中心和餐馆而著称。洛克菲勒中心在一年的任何时候都是游客不能错过的必游之地。

洛克菲勒中心

📞 212-3326868

🕐 45 Rockefeller Plaza, New York

🎫 17美元

10. 巨石之巅（Top of the Rock）

是著名的观景平台。在这里，可以360度全角度鸟瞰曼哈顿区全景，视野宽阔，不受阻挡。不仅可以欣赏帝国大厦的雄姿，还可以近观中央公园四季景色。

☎ 212-6982000

⊕ 30 Rockefeller Plaza，New York

💰 6岁以下免费；6～12岁17美元；62岁以上25美元；13～61岁27美元。

11. 时报广场（Times Square）

原名"朗埃克广场"，又称为"世界的十字路口"。

时报广场得名于《纽约时报》早期在此设立的总部大楼，是美国纽约市曼哈顿的一块街区，广场中心位于西42街与百老汇大街交汇处，东西向分别至第六大道与第九大道、南北向分别至西39街与西52街。广场四周遍布炫目的灯光和广告牌，名品店鳞次栉比，是纽约繁盛的娱乐及购物中心，更是纽约的地标性场所之一。

☎ 212-4525283

⊕ 1560 Broadway, Ground Floor，New York City

时报广场

12. 国王剧院（Majestic Theatre）

始建于1927年，是百老汇最壮丽的剧院，以长期演出韦伯的音乐剧——《歌剧魅影》而出名。

☎ 212-2396215

🕐 247 West 44th Street, New York City

🎫 需门票，票价随演出和座位而异。

13. 圣约翰大教堂（The Cathedral Church of ST.John the Divine）

是圣公会纽约教区的主教堂，号称是世界最大的圣公会教堂，是世界第四大基督教堂。教堂的正面气势恢宏，令人震撼。教堂中间大门的装饰极尽繁杂，院落内两侧各种人物雕像的神态各异、栩栩如生，大厅两侧有50多根大理石圆柱支撑着整个教堂，兼具罗马式和哥特式风格的建筑风格。

☎ 212-3167540

🕐 1047 Amsterdam Av., New York

14. 哥伦比亚大学（Columbia University）

哥伦比亚大学

是一所研究型私立大学，常春藤盟校之一。校友和教授中共有87人获得过诺贝尔奖，包括奥巴马在内的三位美国总统是该校的毕业生。此外，学校的医学、法学、商学和新闻学院都在美国名列前茅，在其新闻学院颁发的普利策奖是美国新闻界的最高荣誉。

☎ 212-8541754

🕐 535 West 116th Street，New York

15. 中央火车站（Grand Central Terminal）

是世界上最大的火车站，占地约19公顷，分上下两层，上层有41条铁路线，下层有26条铁路线。候车大厅恢宏精致，主楼梯按照法国巴黎歌剧院的风格，大厅的拱顶图案是黄道12宫图，共有2500多颗星星，通电后会闪闪发光。

中央火车站

📞 212-3402583

⊕ 42nd Street and Park Avenue, New York

🎫 参观和讲解：老人、学生、10岁以下15美元；成人20美元；如只乘车，不需门票。

16. 圣帕特里克大教堂（St.Patrick's Cathedral）

是天主教纽约总教区的主教堂，是古朴典雅的哥特式风格建筑。罗马教皇曾来此向信徒们布道。

📞 212-7532261

⊕ 460 Madison Av., New York

圣帕特里克大教堂

17. 现代艺术博物馆（Museum of Modern Art）

是全世界收
藏艺术珍品最多
的博物馆之一，
藏品超过10万件，
包括很多著名艺
术家的作品，如：
马蒂斯、毕加索、
塞尚、罗斯科、
波洛克等。

现代艺术博物馆

✉ 212-7089400

☺ 11 West 53rd Street,New York City

💵 12岁及以下免费；全日制学生14美元；65岁以上18美元；成人25
美元。

18. 熨斗大厦（Flatiron Building）

位于曼哈顿岛
第五大道上的第
23街、百老汇大
街和第五大道交
叉的三角形街区
上，是纽约著名
的三角大厦，是
纽约的第一座摩
天大楼，也是美
国国家标志性建
筑之一。

熨斗大厦

✉ 212-4770947

☺ 175 Fifth Av.,At
23rd St.,New York

19. 帝国大厦（Empire State Building）

帝国大厦

1931年建成，位于曼哈顿第五大道，地上建筑102层，381米高，直到1971年帝国大厦的高度才被世贸中心超过。

自1994年以来，帝国大厦的顶层已成为青年人举行婚礼和纽约人庆祝情人节的传统场所。从1978年始，每年人们都要在这里举行一次爬楼梯比赛。参加者从第一层登至86层，共1574个阶梯。站在86层和102层均可观赏纽约全景。

☎ 212-7363100

✪ 350 5th Av.,New York

🎫 至86层观景台：6～12岁21美元；62岁以上24美元；13～61岁2美元；如登至102层观景台另加17美元。

20. 自由女神像（Statue of Liberty）

是法国在1876年赠送给美国独立100周年的礼物，于1886年10月28日被矗立在纽约市哈得孙河口附近，1984年被列入世界遗产名录。

自由女神像

自由女神像以120吨钢铁为骨架，80吨铜片为外皮，用30万只铆钉装配固定在支架上，高46米，加基座为93米高，重225吨。

1834年，巴托尔迪出生在法国的一个意大利人家庭，他从青年时代起就酷爱雕塑艺术。1851年路易·拿破仑·波拿巴发动政变推翻第二共和国后的一天，一群坚定的共和党人在街头筑起防御工事，暮色苍茫时，一个年轻姑娘手持熊熊燃烧的火炬，跃过障碍物，高呼"前进"的口号向敌人冲去，波拿巴士兵的枪声响了，姑娘倒在血泊中。巴托尔迪耳闻这一事实，心情久久不能平静。从此，这位高擎火炬的勇敢姑娘就成为他心中自由的象征。

1865年，巴托尔迪在别人的提议下，决定塑造一座象征自由的塑像，由法国人民捐款，作为法国政府送给美国政府庆祝美国独立100周年的礼物。

📞 212-3633200

🕐 Liberty Island,New York

🎫 4岁以下免费；4～12岁9美元；62岁以上14美元；13～61岁17美元；参观基座和登顶需要提前预订。

21. 联合国总部（UN Headquarters）

包括秘书处大楼、会议厅大楼、大会厅和哈马舍尔德图书馆4栋建筑。其中39层高的装有玻璃幕墙的秘书处大楼是联合国总部的核心建筑。

📞 212-9638687

🕐 405 East 42nd Street,New York

🎫 5～12岁9美元；学生凭证件、60岁以上11美元；成人16美元。

联合国总部

219

22. 纽约大学（New York University）

全美最大的私立大学之一，也是美国唯一坐落于纽约心脏地带的名校。是一所真正没有围墙的大学，完全和曼哈顿区融合在一起，分不清哪里是校园，哪里是市区。

📞 212-9981212

📍 70 Washington Square South, New York,NY 10012

纽约大学

纽约唐人街

23. 纽约唐人街（Chinatown）

已扩展为45条街道，面积大约5平方千米。到2007年，纽约唐人街的华人已达80万之多，形成了4座中国城和10个华人社区，他的变迁就是一部海外华人发展壮大的历史。

📞 212-6084170

📍 Canal Street to Bayard Street，New York

华尔街

24. 华尔街（Wall Street）

是纽约市曼哈顿区南部，从百老汇大街延伸到东河的一条大街的名字，全长仅1.1千米，宽仅11米，是英文"墙街"的音译。街道狭窄而短，从百老汇大街到东河间仅有7个街区，却以"美国的金融中心"闻名于世界。

美国摩根财团、洛克菲勒石油大王和杜邦财团等开设的银行、保险、航运、铁路等公司的总管理处集中于此；著名的纽约证券交易所在这里；纳斯达克、美国证券交易所、纽约期货交易所等的总部也在此处。

☎ 212-4841200

☽ Wall St.,New York

25. 华尔街铜牛塑像（Wall Street Bull）

华尔街铜牛塑像

长5米，重3.2吨，是华尔街的标志。

铜牛塑像的设计者是意大利西西里岛的著名艺术家——阿图罗·迪·莫迪卡。为了使自己的作品在美国一鸣惊人，他在1989年12月15日午夜，用一辆大卡车将这头重达3.2吨的铜牛塑像偷偷运到华尔街纽约证券交易所门前那棵巨大的圣诞树下。次日，他的铜牛塑像果然成了华尔街最大的焦点，数日之后，铜牛塑像于1989年12月20日被迁移到几条街之外的鲍林格林公园。

26. 炮台公园（Battery Park）

炮台公园

公园中的炮台是英国占领期间修建的炮台，公园中的克林顿城堡是1811年修筑的抵御英军的要塞，原本不属于炮台公园，后来被划归到了炮台公园中。

☎ 212-3443491

☽ Battery Pl, State St., and Whitehall St, New York

27. 纽约证券交易所（New York Stock Exchange）

坐落于纽约曼哈顿的华尔街11号，是世界最大的股票交易所，它是世界经济的晴雨表。截止2013年5月在交易所上市公司的市值达16.6万亿美元，2013年日平均交易额达1690亿美元。

212-6563000

11 Wall St., New York

28. 联邦国家纪念堂（Federal Hall National Memorial）

是美国独立后的第一个国会大楼，古希腊风格的大理石建筑，美国的第一届国会在这里召开。现为展示美国宪法、陈列美国历史事迹的纪念堂。门前乔治·华盛顿铜像的位置，就是1789年4月30日美国乔治·华盛顿宣誓就职，成为美国第一任总统的地方。

212-8256990

26 Wall St.,New York

联邦国家纪念堂

29. 市政厅（City Hall）

建于1803年至1812年，是美国最老且仍在使用的市政厅。它的圆形大厅也是纽约市的著名处所。

212-7886865

Broadway & Murray St., Manhattan

免费，但需要预约。

30. 布鲁克林桥（Brooklyn Bridge）

横跨纽约东河，连接着布鲁克林区和曼哈顿岛，是世界上首次以钢材建造的大桥，是工业革命时代全世界7个划时代的建筑工程奇迹之一。

212-4841200

Brooklyn Bridge, New York

布鲁克林桥

31. 康奈尔大学（Cornell University）

是一所位于美国纽约州伊萨卡的私立研究型大学，另有两所分校位于纽约市和卡塔尔教育城，是8个常春藤盟校中唯一一所在美国独立战争后创办的大学。

大学由埃兹拉·康奈尔和安德鲁·迪克森·怀特于1865年所

建，有七个本科生学院和七个研究生学院，被誉为美国工程科技界的学术领袖，毕业生中有18人获得诺贝尔奖。

大学的博物馆蜚声世界，是华裔建筑大师贝聿铭的杰出代表作；它的校舍典雅夺目，被归结为维多利亚式建筑的经典；该大学研发的勇气号探测器承载了人类的梦想；克隆技术在这里声名远扬；它的农业学院因此叱咤风云；它的酒店管理学院走在全美最前沿，吸引了大批精英只身前往；耗资3500万美元修建的国家电脑中心，让莘莘学子在学术殿堂里尽情遨游。

✆ 607－2544636

✪ Cornell University，Ithaca

🎫 免费，如需导游讲解，付30美元。

32. 西点军校（The United States Military Academy）

英文简称是"West Point"，是美国第一所军事学校，主要为美国军队培养陆军初级军官。在西点军校200多年的历程中，培养了众多的美国军事人才，其中有3700人成为将军。除此之外，还为美国培养和造就了众多的政治家、企业家、教育家和科学家。参观这里需提供带照片的有效证件，如驾照、护照。

✆ 845－9384011

✪ 600 Thayer Road，West Point

🎫 观光巴士12美元

西点军校

波士顿景点

1. 邦克山纪念碑（Bunker Hill Monument）

邦克山纪念碑

高约66米，由花岗岩方尖石砌造而成，为纪念独立战争中第一次主要战役而建。

1775年6月17日，英国殖民军在波士顿附近的邦克山进攻美利坚的民兵。虽然英军占领了山地，但付出了伤亡的代价。这是英美两军第一次成规模的交锋，是美利坚人第一次取得的战略胜利。后来当地将6月17日定为"邦克山日"，每年在波士顿都有大规模的纪念活动。

☎ 617-2425641

☺ Monument Square,Charlestown

2. 旧南教堂（Old South Church）

旧南教堂

位于科普利广场的西北角，是美国最古老是教堂之一，其建筑风格为哥特复兴式，由查尔斯·阿莫斯·卡明斯和威拉德·西尔斯设计，1873年建成。教堂被列为美国国家历史地标。

☺ 645 Boylston St.，Boston

☎ 617-5361970

3. 旧北教堂（Old North Church）

正式名称为波士顿市基督教堂，位于美国波士顿北区的撒冷街193号，是波士顿最古老的教堂，建于1723年，被列为美国国家历史地标。

1775年4月，英军计划袭击位于波士顿郊外康可特的弹药库，此事被保罗·里维尔所知，于是他在该教堂尖塔上悬挂出两盏石油灯示警，自己连夜骑马前往康可特和列克星敦方面报信。列克星敦方面民兵（独立军前身）得以从容迎击翌晨出现的英军。这一仗揭开了美国独立战争的序幕。

☎ 617-5236676

⊕ 193 Salem St., Boston

4. 波士顿公共图书馆（Boston Public Library）

波士顿公共图书馆

始建于1888年，1895年对公众开放，是美国最大的市立公众图书馆，是美国第一个对大众免费借阅图书的图书馆，是第一个专门设置儿童阅读区的图书馆，也是第一个提供音频和视频服务的图书馆。藏书超过1500万册。

☎ 617-5365400

⊕ 700 Boylston St.,at Copley Sq.,Boston

5. 三一大教堂（Trinity Church）

三一大教堂

始建于1872年，1877年完工，位于波士顿公共图书馆的对面。

教堂是一座美轮美奂的罗马式建筑，高达26米的尖塔是最显著的特征，玫瑰色砂岩的外观与铜雕大门，让它成为美国教堂建筑中的代表作。

教堂能容纳下5000名信徒，是美国东北地区重要的基督教场所。教堂合唱团在全美国甚至英国都享有盛名。

人文地理

☎ 617-5360944

🌐 545 Boylston St., Boston

🎫 教堂对教徒是免费的，对旅游者按日期不同收取不同的门票。

6. 约翰·汉考克大厦（John Hancock Tower）

坐落在波士顿市中心，由著名的华裔设计师贝聿铭设计，大厦有60层，240米高，是当时波士顿最高的建筑。

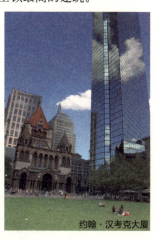

大厦外墙全部是浅蓝色的镜面玻璃，宛如一面明镜矗立在波士顿市中心。1977年获得美国设计家协会的设计奖，2011年又获得了"25年奖"。

大厦是用美国独立战争期间，马萨诸塞州的富商约翰·汉考克的名字而命名的，他是美国"独立宣言"的签字人之一，曾经担任大陆会议主席。

约翰·汉考克大厦

7. 哈佛大学（Harvard University）

是一所私立研究型大学，为常春藤盟校成员。1636年由马萨诸塞州殖民地立法机关立案成立。该机构在1639年3月13

哈佛大学

日，为感谢约翰·哈佛牧师的捐赠而命名为哈佛学院，1780年更名为哈佛大学。

历史上，哈佛大学的毕业生中有8位曾当选过美国总统，他们是约翰·亚当斯（美国第二任总统）、约翰·昆西·亚当斯、拉瑟福德·海斯、西奥多·罗斯福、富兰克林·罗斯福（连任四届）、约翰·肯尼迪、乔治·沃克·布什和贝拉克·侯赛因·奥巴马；共有40位诺贝尔奖得主和30位普利策奖得主，还培养了缔造微软、IBM、Facebook等一个个创造商业奇迹的人。

📞 617-4951000

📍 1350 Massachusetts Avenue，Cambridge

8. 麻省理工学院（Massachusetts Institute of Technology，MIT）

麻省理工学院

是美国一所综合性私立工科学院，无论是在美国，还是全世界都有着非常重要的影响力，培养了众多对世界产生重大影响的人士，是全球高科技和高等研究的先驱领导大学。

至2009年，先后有78位诺贝尔奖得主曾在麻省理工学院学习或工作过。经过麻省理工学院几代人的不懈努力，时至今日，但凡有人提起"世界理工大学之最"，人人皆推崇麻省理工学院。

麻省理工学院拥有研发高科技武器和美国最高机密的林肯实验室、世界一流的计算机科学及人工智能实验室、世界尖端的媒体实验室等，还培养了许多全球顶尖首席执行官。斯隆管理学院也是麻省理工赫赫有名的宝贵资产。

麻省理工学院

　　最值得参观的地方是学院内的博物馆、信息中心、校园内公共空间陈列的艺术品、Frank Gehry设计的前卫建筑。

📞 617-2531000

🕐 77 Massachusetts Avenue，Cambridge

🎫 免费；但是校内博物馆收门票：5岁以下儿童免费；老人、18岁以下青少年、学生5美元；成人10美元。

9. 波士顿公共花园（Boston Public Garden）

波士顿公共花园

　　是美国为平民大众建造的花园。建于1837年。

　　波士顿公共花园是一个可以让人身心放松的花园。花园不大，到处都是美丽的鲜花、绿树和蜿蜒曲折的小径，公园的中心是乔治·华盛顿的塑像，令人肃然起敬。

🌐 Boston, Massachusetts

10. 州议会大厦（Massachusetts State House）

建于1798年，州政府所在地，红墙、白窗、金顶，建筑外观十分精美，金黄色的圆顶格外引人瞩目。

📧 617-7273676

⊙ 24 Beacon Street，Boston

🎫 免费，需要预约。

州议会大厦

11. 旧市政厅（Old City Hall）

是法兰西第二帝国时期风格的大楼，前面立有三座铜像，左边是本杰明·富兰克林，右边是约瑟·奎西——波士顿的第三任市长，而中间竟是一头驴子——民主党的象征。

📧 617-5238678

⊙ 45 School Street，Boston

12. 波士顿茶叶党船只及博物馆（Boston Tea Party Ship & Museum）

这座建在船上的纪念馆重现了1773年12月16日波士顿居民将英国商船上的茶叶倾倒入海的场景。原船早已面貌全非，现在陈列的一艘是1976年的复制品。

📧 617-3381773

⊙ 306 Congress Street，Boston

🎫 儿童15美元；老人、学生、军人22美元；成人25美元。

13. 昆西市场（Quincy Market）

坐落于波士顿的市中心，建造于1824年至1826年，以波士顿前市长的名字命名，是一座罗马风格的建筑，是美国历史标志性建筑。这个市场开始时以农产品和食品为主，现在是餐厅聚集，品尝当地美食之地。

 617-7231777

 Quincy Market,

Boston

昆西市场

14. 保罗·里维尔宅邸（Paul Revere House）

建于1680年，是波士顿现存最古老的住宅，现已成为保罗·里维尔博物馆。当年保罗·里维尔在得知英军进攻的消息之后，他在第一时间跳上马背一路狂奔，终于在午夜之前赶到列克星敦（Lexington），把消息送达。第二天就打响了列克星敦的枪声。

617-5232338

19 North Square, Boston

5～17岁1美元；大学生和老人3美元；成人3.5美元。

15. 宪法号巡洋舰博物馆（USS Constitution Museum）

是在宪法号巡洋舰上建立的博物馆，该巡洋舰自1797年下水服役至今已经两百余年，是世界上服役历史最悠久的战舰。

617-4261812

1 Constitution Road，Charlestown Navy Yard，Charlestown

16. 新英格兰水族馆 (New England Aquarium)

是美国东北部最好的水族馆之一，主体是一座4层楼高的玻璃水箱，个头硕大的鲨鱼、海龟，色彩斑斓的热带鱼畅游其中，在水族馆内还可以欣赏企鹅、海豚和加州海狮的精彩表演，观看在IMAX剧场上演的巨幕电影。

📞 617-9735200

🎯 1 Central Wharf, Boston

🎫 3岁以下免费；3～11岁17.95美元；60岁以上22.95美元；12～59岁24.95美元。

17. 波士顿儿童博物馆 (Boston Children's Museum)

波士顿儿童博物馆起源于1909年，由波士顿科学教育局发起，2006年博物馆扩建，增加了2100平方米的展厅，成为波士顿第一个"绿色博物馆"。馆内的展品可满足各个年龄段儿童的娱乐需求，孩子们可以在这里学习如何认识世界。博物馆前高12米的奶瓶建筑是博物馆的标记。

📞 617-4266500

🎯 308 Congress Street, Boston

🎫 不足一岁婴儿免费；其余门票14美元。

18. 科学博物馆 (Museum of Science)

建于1830年，是一座6层高的褐红色建筑，在这里可见动植物标本、物理实验、数学模型、人体模型和各种错觉试验、计算机发展史、人类孕育过程、星球大战模型，以及3D环幕影院等上百种互动展览，可以了解科技发展的最新趋势和最近的发现。游客可以爬上大小不一的太空舱，并参与探究纳米技术。

📞 617-7232500

🎯 1 Science Park, Boston

🎫 3～11岁儿童20美元；60岁以上老人21美元；12岁以上及成人23美元。

布法罗景点

1. 尼亚加拉瀑布（Niagara Falls）

尼亚加拉瀑布

是美国最知名的风景之一，位于纽约州水牛城附近，美国与加拿大的交界处。美国一侧的瀑布水线长335米，落差54米。上游的水流到了悬崖倾泻而下，汇成巨大的洪流，冲刷出7千米长的峡谷。澎湃的气势，犹如奔腾的千军万马，在峡谷间回荡，令岸边的游客无不像着了魔一般，目瞪口呆，深深地被尼亚加拉瀑布的爆发力而震撼。

尼亚加拉瀑布实际有三部分，美国瀑布、新娘面纱瀑布及马蹄瀑布。前两部分位于美国境内，最大的第三部分位于加拿大境内。在美国境内看到的只是尼亚加拉瀑布的侧面，而在加拿大可以一览全貌。

716-2781796

24 Buffalo Avenue, Niagara Falls

尼亚加拉瀑布

2. 瀑布冒险剧院（Niagara Falls Adventure Theater）

有13.5米的大屏幕，数字杜比环绕立体声播放电影，每场电影大约40分钟，电影的内容以展示尼亚加拉瀑布的各种冒险活动和相关神话传说为主题。

📞 716-2785040

📍 1 Prospect Point, Niagara Falls

🎫 5岁及以下免费；6～12岁7.5美元；13岁以上11美元。

3. 尼亚加拉水族馆（the Aquarium of Niagara）

有1500多种水生动物，代表着五大湖珊瑚礁生态系统，深受钓鱼者的喜爱，其他值得一看的还有加州海狮、秘鲁企鹅、海马、鲟鱼等。

📞 716-2853575

📍 701 Whirlpool Street, Niagara Falls

🎫 2岁及以下免费；3～12岁6美元；60岁及以上8美元；13～59岁10美元。

尼亚加拉大瀑布和彩虹桥

4. 彩虹桥（Rainbow Bridge）

是一座钢骨架的拱桥，横跨尼亚加拉河，连接着美国的纽约州和加拿大的安大略省，是在陆地上观赏瀑布的最佳地点。桥中央飘扬着美国、加拿大和联合国的旗帜。

☏ 716-2856322

⊙ Rainbow Bridge，Niagara Falls

🎫 行人0.5美元；汽车3.5美元。

北部景点

北部之旅示意图

俄勒冈州景点

1. 约翰德古化石国家保护地（John Day Fossil Beds National Monument）

位于俄勒冈州的威勒尔郡和格兰特郡，由美国国家公园管理局负责管理。保护地由三大板块构成——涂颜山、羊石峰、珊瑚圈。

涂颜山最大的看点是多彩的颜色。其名源于在不同地质时期山体形成的多彩的岩面颜色，令人不得不惊叹大自然的鬼斧神工。除此之外，丰富的早期马、骆驼、和犀牛的化石，更是大自然馈赠给人类的珍宝，形成了一个具有色彩的古化石基地。

羊石峰是约翰德古化石国家保护地的第二大板块，这一板块同时又被分为了几个区域。这里最大的看点是古化石基地，有各种动植物化石，如海龟、负鼠等，也有松树和松子。公园的总部游客中心设置于此。

珊瑚圈是约翰德古化石国家保护地的第三大板块，这里主要看点是化石的多样性。这里不仅可以看到保存的热带和亚热带坚果、水果、树根、树枝和植物种子的化石，还有一些大型哺乳动物的遗骨化石。这些化石体现了这片区域大自然变化的魔力，很有研究价值。

> **小贴士**
>
> **勿在公园内捡石头**
>
> 约翰德古化石国家保护地属于公共观赏景区，不收门票也没有公共交通，需要自行开车游览。
>
> 除有明确可以拾捡的标志外，不要在公园内捡石头。
>
> 冬季进入公园要注意风雪。

涂颜山

1. 摩门圣殿（Salt Lake Temple）

始建于1853年，1893年完工，哥特式建筑，顶上高耸着6个锥形塔尖，塔形大门由四根柱子连成。

盐湖城的大部分居民信奉摩门教，所以圣殿中心成了居民们活动的集散场所。殿内的合唱团大厅是重点参观的地方之一，它是世界上最大的圆顶、无柱拱门建筑，内有白松木雕琢成的大理石纹柱子，以及橡木纹的桌子。舞台上摆放着镇殿之宝——10000多个管子组成的管风琴，该琴足有4层楼那么高。

☎ 801240-2640

☺ 50 W North Temple，Salt Lake City

摩门圣殿

2. 圣殿广场（Temple Square）

是盐湖城摩门教活动中心，不是摩门教的教徒也可以到此游览。这里的春天、夏天、秋天，广场上各种鲜花竞相开放，圣诞节时树上会挂满五颜六色的彩灯，显得美丽而又神秘。

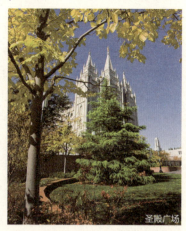

圣殿广场

 801-2401706

 50 E North Temple St., Salt Lake City

3. 州议会大厦（Capitol Building）

1915年建成，文艺复兴风格的建筑，坐落在盐湖城的半山坡地上，此处除参观建筑物本身的美之外，还可以从这里远眺瓦萨奇、Oquirrh山、大盐湖和峡谷地等美景。

 801-5383000

 350 N State St, Salt Lake City

州议会大厦

大盐湖

4. 大盐湖（Great Salt Lake）

位于美国犹他州西北部，北美洲最大的内陆盐湖，西半球最大的咸水湖。大盐湖自西北向东南方向延伸，长120千米，宽63千米，深4.6米～15米。

大盐湖的含盐量世界第二，所以在湖里游泳能很轻松地漂浮起来。湖水中的70余种矿物质和微量元素的含量比例与人体体液相吻合，所以能够把人体内矿物元素的失衡状态调整均衡。

大盐湖的湖水清澈见底，犹如碧玉，盛产鱼虾，野生动物多样，矿产资源丰富，使之成为不可或缺的旅游胜地。

☺ PO Box 6658，Salt Lake City

☻ 各种游乐项目很多，收费不一。

5. 卡皮特尔砂岩国家公园（Capitol Reef）

位于犹他州中南部，面积979平方千米，1971年成为国家公园。大峡谷、山脊线、山峰、独石群构成了公园独有的景色，除了可以自驾车游览公园，还可以在这里骑自行车、野营、登山、徒步和骑马。

6. 布赖斯峡谷国家公园（Bryce Canyon National Park）

面积145平方千米，1928年成为国家公园。景区特色：红色、橙色与白色的岩石所形成的奇特自然景观；这里的森林与草原为各类动物提供了舒适的生存环境，既有大型哺乳类动物，也有小巧可爱的鸟类。

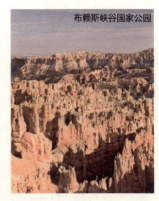

布赖斯峡谷国家公园

7. 拱门国家公园（Arches National Park）

占地309.7平方千米，犹他州东部，1971年成为国家公园。

拱门是该公园的最大看点，其数量超过了2000座，世界知名的天然拱门也在其中，拱门虽断壁残垣，但其研究价值不可忽视。此外，还有很多大小尖塔、基座和平衡石等奇特的地质现象，所有的石头上都有着颜色对比非常强烈的纹理。

拱门国家公园

8. 宰恩国家公园（Zion National Park）

面积590平方千米，犹他州西南部，1956年成为国家公园。宰恩峡谷长24千米，深约800米，峡谷的风景走廊不允许私家车通过，需搭乘区间车，观赏峡谷风情。科罗布峡谷公路，是通往公园的科罗布峡谷地区另一条风景走廊。

9. 峡谷地国家公园（Canyonlands National Park）

面积1366平方千米，1964年成为国家公园。著名的景点是千米之下的科罗拉多河和格林河景观，以及千米岩石之上的红色石林、悬崖等。红色石林、松林翠柏、皑皑雪山，交相辉映，真似仙境。

迷宫区是峡谷地的岩石游乐地，来这里自由冒险旅游的游客，全年都需持许可证方可进入。公园提供了有挑战性的四轮驱动车和急流划船，还有登山、骑自行车、野营和山区徒步等活动项目。

10. 犹他大学（The University of Utah）

位于盐湖城市郊一座大山的脚下，是著名的学府，2002年冬奥会的主办场所。校园内曲径通幽，茂盛的树木翠绿欲滴，别致的教学楼独具匠

犹他大学

心，整个校园被隐藏在绿色植被的海洋之中。

犹他大学是一所综合性公立大学，由摩门教信徒建立，有17个学院，其中商科、美术学、计算科学、化学工程、药学是美国领先的学科。犹他大学强调"创新"，在校园内拥有创新技术转化的科技园，许多国际的制药、化学公司在这里有常驻机构。

大学的亚洲研究中心是美国联邦政府资助的研究机构，

犹他大学

负责印度、日本、韩国及中国问题的研究。有多位中国前秦思想史、明清史，甚至中国民俗文化研究的专家。该中心与中国四川大学合作的孔子学院是美西北地区的主要汉语教学机构，并且每年十月举办"中国文化节"，中国许多知名的艺术团体和文化、教育机构曾多次参加犹他大学的中国文化活动。

☎ 801-5817200

⊕ 201 Presidents Cir，Salt Lake City

11. 城溪峡谷（City Creek Canyon）

　　虽小，但在历史上却很重要。峡谷的城溪是一条大约23千米长的溪流，源头的自然泉水和山区中的积雪融水为其提供了丰富的水资源，溪流常年不断，是有氧运动的极佳场所。

12. 杨百翰纪念碑和子午线标记（Young Monument and Meridian Marker）

　　位于盐湖城市中心，是盐湖城的开拓者杨百翰的纪念地。十九世纪初约瑟夫·史密斯创建了摩门教，由于受到正统基督教的排斥，约瑟夫本人又惹上官司，后死于非命。杨百翰继任该教会首领后率领教众西迁，另觅安家之所。经过长途跋涉，他们来到渺无人烟的大盐湖畔拓荒建城，从此西部荒原才有了这座盐湖城。

13. 盐湖城公共图书馆（Salt Lake City Public Library）

位于市政厅对面，5层，三角形结构，有书库、儿童图书馆、矩形行政管理区和玻璃材质的"城市房间"。其建筑被逐渐降低向广场延伸的墙面所围合，形成了连续的室外楼梯。

儿童图书馆，位于一层，与室外的一个露天剧场和一个儿童花园相连。美国著名电影"雨人"的人物原型生前每天到这里读书。图书馆曾经多次举办中国传统书法艺术展，受到当地人民的热烈欢迎。

☎ 801-5248200

⊕ 210 E 400 S, Salt Lake City

14. 发现儿童博物馆（Discovery Gateway）

前身是犹他州儿童博物馆，常年举办丰富多彩的活动，可让孩子们在童话般的殿堂中感受历史，吸收成长养料，充实童年生活。

☎ 801-4565437

⊕ 444 W 100 S, Salt Lake City

🎫 票价浮动，5美元左右。

15. 国际古董汽车博物馆（Classic Cars International Antique Auto Museum of Utah）

馆内有对古董汽车制造技术的详细介绍，并对于古董汽车的收藏有着独特的研究，所以是古董汽车爱好者必不可少的一项行程。

☎ 801-3225509 或801-5826883

⊕ 355 W. 700 South，Salt Lake City

16. 自由公园（Liberty Park）

是盐湖城的第二大公园，面积约32.37公顷，适合散步、跑步等活动。

📠 801-9727800

📍 600 E 900 S, Salt Lake City

17. 遗产公园（Heritage Park）

活动丰富多样，包括乘坐小火车、探索开拓者之村、骑马，公园内还有可爱而友好的动物朋友，它们很乐意接受游客的爱抚，传达它们对人类友好的情谊。

📠 801-5821847

📍 2601 E Sunnyside Av., Salt Lake City

🎫 周一至周六：2岁及以下免费；3~11岁、55岁及以上7美元；成人10美元。周日：2岁及以下免费；3~11岁、55岁及以上5美元；成人7美元。

18. 记忆林公园（Memory Grove Park）

溪水潺潺，花草丛生，青葱油绿，姹紫嫣红。在云淡风轻、心情低落之时来这里或许可以唤起人们心灵的希望之光。

📠 801-9727800

📍 370 North Canyon Road, Salt Lake City

19. 家谱图书馆（Family History Library）

是美国犹他家谱学会旗下的总馆，是世界上最大最完整的家谱资料检索中心，在全世界有4400个联网的分馆。

该馆建于1894年，1938年率先开始采用缩微胶卷的技术，将家谱善本制作成胶卷，收藏在盐湖城附近的花岗岩山洞内，用恒温、恒湿的方式保存。各界人士可在这里查阅缩微胶卷。

现在馆内所有的信息都已被数字化了，人们可以通过家谱信息查询系统免费查询所需信息。全世界每天平均有2000人使用该馆家谱查询系统查阅资料。

📠 801-2402331

📍 35 N. West Temple, Salt Lake City

20. 犹他州自然历史博物馆（Natural History Museum of Utah）

有45年历史，收藏有120万件化石、岩石、矿物和其他古物，但目前仅有1%陈列在当前的馆址，即犹他州大学的乔治·托马斯楼。

新博物馆正在建造中，每一层楼都有一个主题：天空、生命、土地和过去的世界。8个永久性展区总面积为0.34万平方米。此外，还有一座111.6平方米的儿童展览厅，以及150席位的剧院。

☎ 801-5816927

🕐 301 Wakara Way，Salt Lake City

🎫 2岁及以下、博物馆会员免费；3～12岁8美元；13～24岁、65岁及以上9美元；25～64岁11美元。

21. 孤峰度假村（Solitude Mountain Resort）

自然风景秀美，四季冰雪不融，山势起伏跌宕，是滑雪爱好者的理想之地；完善的设施，周到的服务更为您的滑雪带来了便利。

☎ 801-5341400

🕐 12000 Big Cottonwood Canyon Rd.，Solitude

🎫 滑雪和乘坐缆车的费用从几十到几百美元不等。

孤峰度假村

1. 黄石国家公园（Yellowstone National Park）

世界上第一个国家公园。

1978年被联合国定为世界遗产。公园占地8983平方千米，96%在怀俄明州，3%在蒙大拿州，1%在爱达荷州。

公园内地貌形态丰富，地势辽阔险峻，皑皑白雪、冷峻高山与间歇泉的热气沸腾景色形成鲜明对照。有上万个泉眼，更有许多叫不出名字的地理景观，最令人赞叹的地方是它保持着的原生态面貌。

公园的野兽绝对是令人惊异的，不论数量还是种类均为世界公园之冠。

黄石国家公园有东、南、西、北和东北五个入口，大部分旅游者会选择经89号公路从南口进入公园。从南口入园后可分别游览西北、东北方向的景点。

自南向西北方向途径的主要景点：

①独星喷泉（Lone Star Geyser）

大约每3个小时喷发一次，每次持续时间约半小时，喷射高度14米。强喷射前，先有两至三次弱喷，弱喷持续时间为5分钟左右，高度14米左右。

独星喷泉

②老忠实喷泉（Old Faithful Geyser）

被发现于1870年，因其有规律的喷发而得名。它被发现后的100多年里，每天喷发18～22次，每隔33～93分钟喷发一次，每次喷发持续四五分钟，从不间断。喷射出的水柱高达41米，最高可达57米。

老忠实喷泉

③狮群喷泉（Lions Geyser）

由数个喷泉组成，因水柱喷发前会发出像狮吼一般的声音而得名。

④城堡喷泉（Castle Geyser）

每11～13个小时喷发一次，每次喷射的时间约20分钟，接着是30～40分钟的咆哮声，喷射高度达27米。

城堡喷泉的独特之处是每次喷射完后的15分钟，它就像一列奔驰的火车一样，用蒸汽所给予的能量，带着嘶哑的吼声咆哮。

城堡喷泉

⑤河畔喷泉（Riverside Geyser）

河畔喷泉

最大的特点是可以喷射出24米高，并形成一个60度角跨越火坑河的水柱。它大约每6小时喷发一次，每次喷发持续大约20分钟。适合在下午造访，或许有幸看到雾气弥漫中形成的彩虹美景。

⑥晨晖潭（Morning Glory Pool）

1880年被发现，由于其形状如同牵牛花一样美丽，故又得名"牵牛花潭"。

晨晖潭

⑦大棱镜温泉(The Grand Prismatic Spring)

世界第三大、美国最大的温泉。水面约75米至91米宽，49米深，每分钟会涌出大约2000升的地下水，温度为71°C左右。

温泉的美在于湖面的颜色随季节而改变。这是由于富含矿物质的水体中，生活着藻类和含色素的细菌等微生物，它们体内的叶绿素和类胡萝卜素的比例会随季节变换而改变，于是水体也就呈现出不同的色彩。大棱镜温泉被誉为"地球上最美丽的表面"。

大棱镜温泉

人文地理

⑧木丝间歇喷泉（Excelsior Geyser）

是黄石国家公园内喷水最高的喷泉，其记录是1983年喷出了90米高的水柱。

木丝间歇喷泉

⑨大水池喷泉（Great Fountain Geyser）

大水池喷泉每隔9～15小时喷发一次。

⑩彩泥喷泉（Fountain Paint Pot）

泉如其名，彩泥喷泉中的泉水如泥沼，受地热而翻腾着滚烫的泥泡，彩色斑斓，美不胜收。

彩泥喷泉

⑪马莫斯温泉(Mammoth Hot Spring)

位于公园西北部，也称热台阶区，附近有沸腾河，由冷热两股溪水汇合，水温十分适合戏水；还有一个温泉小瀑布可做热水按摩，是游客难得的天堂。

🌀 7人以下汽车25美元/每车；摩托车20美元；步行者12美元/人。

公园门票7天之内有效。

马莫斯温泉

自南向东北方向途径的主要景点：

①黄石湖（Yellowstone Lake）

面积约354平方千米、周长170千米，湖面海拔2357米，湖水最深处约118米，是典型的火山口湖，也是"美国最大的高山湖泊"。

黄石湖

②上瀑布（Upper Falls）

高约33米，位于峡谷区中央偏东之处，是黄石大峡谷的壮丽景观。

③下瀑布（Lower Falls）

高约94米，是尼亚加拉大瀑布高度的两倍，虽然水量比尼亚加拉大瀑布小很多，但瀑布的豪迈气魄令人振奋。

④黄石大峡谷（Grand Canyon of the Yellowstone）

位于钓鱼桥和高塔之间，长约32千米，宽约450～1200米，深约360米。是黄石河水长期强力冲蚀火山岩石所形成的，因其峡壁基本色彩为黄色，所以印第安人因而称之"黄石"。

⑤黄石河（Yellowstone River）

黄石河

由黄石峡谷喷涌而出，贯穿整个黄石公园而后进入蒙大拿州境内，最后注入密苏里河。由于黄石河千万年的侵蚀将山脉切穿，创造了著名的黄石大峡谷。由于公园地势高，黄石河及其支流深深地切入峡谷，形成许多激流瀑布，蔚为壮观。

⑥高塔瀑布（Tower Fall）

发源于2864米高的望峰山下，在流入黄石河之前，从40米高的悬崖飞泻而下，成为了此区最吸引人的景点。悬崖顶部因地质的演变，形成了类似西方古城堡屋顶般的形状，故又称为"城堡瀑布"。

⑦石化树（Petrified Tree）

位于罗斯福区附近，在6400万年前，由于火山爆发，喷发出的火山灰渣、泥流掩埋了黄石公园北方约2589平方千米的树木，使得树木与空气隔绝不致燃烧，树木内的有机物逐渐被熔岩中的矿物质所取代，树的外层也被侵蚀掉，就成了"石化林"，是黄石公园内独有的奇特景点。

石化树

小贴士

注意事项

黄石国家公园每年11月中到次年5月中封路，只有带防滑链的车辆才可以进入。

丹佛景点

1. 科罗拉多州议会大厦（Colorado State Capitol）

位于市中心南部，是一座巨大的拱形建筑，在台阶上刻有"高于海平面一英里*"，的字样，游人可以免费参观。

科罗拉多州议会大厦

☏ 303-8662604

⊕ 100 W 14th Ave Pkwy

2. 丹佛艺术博物馆（Denver Art Museum）

是一座巨大的艺术博物馆，参观需要几个小时，艺术品来自世界各地。

☏ 720-8655000

⊕ 100 W 14th Ave Pkwy

🎫 5岁以下免费；老人、学生10美元；成人13美元。

丹佛艺术博物馆

*一英里＝1.609344千米

丹佛造币厂

3. 丹佛造币厂（Denver Mint）

只制造硬币。每天8：00至14：00开始参观，每一次参观时间只有一个小时，有讲解，场内不允许拍照。

☎ 303-4054761

📍 320 W Colfax Ave

🎫 免费，但需要事先预约登记。

4. 城市公园（City Park）

是一座巨大的城市中心公园，园内有两个湖、高尔夫球场、丹佛动物园和自然科学博物馆。

📍 Colorado Blvd, York St., 26th Ave and 17th Ave

5. 库尔斯啤酒厂（Coors Brewery）

在库尔斯啤酒厂可以看到传统的酿酒方法，品尝用落基山脉泉水酿出的啤酒。

库尔斯啤酒标志

☎ 303-2772337

📍 13th and Ford St., Golden

芝加哥景点

1. 海德公园（Hyde Park）

海德公园里有闻名遐迩的科学与工业博物馆。作为1893年芝加哥世界博览会唯一保留的建筑，这里有超过35000件藏品，其中最能调动游客想象力的是U-505潜艇——美国唯一的二战时期缴获

海德公园的科学与工业博物馆

的德国潜艇，仿真煤矿以及先锋牌柴油动力机车。海德公园社区就在海德公园覆盖的区域，是现任美国总统巴拉克·奥巴马当选总统的社区。

⊛ Chicago

2. 威力斯大厦（Willis Tower）

始建于1891年，110层，高436米，美国最高的建筑，它曾一度是世界上最高的办公楼。103层的观景台距地面412米，1974年6月22日正式对外开放。

观景台每天10点开放，四月到九月每天开放至晚10点，十月到次年三月每天开放至晚8点。登高远眺，将芝加哥景色尽收眼底。游客可根据自己的时间来制定行程。

威力斯大厦

📞 312-8750066

⊛ 233 S Wacker Dr, Chicago

🎫 普通票价：3岁以下免费；3~11岁12美元；12岁及以上18美元。

观景台加语音导览票价：3岁以下免费；3~11岁17.5美元；12岁及以上23.5美元。

3. 玛丽娜城（Marina City）

建于1964年，是芝加哥的另一标志性建筑，其中有两座65层高的大楼，高179米，外形如同长满果实的玉米。

建筑群内设有剧院、体育馆、游泳池、滑冰场、保龄球馆以及一些商店和饭店，整个建筑被称作"城市中的城市"。

☏ 312-6446260

⊙ 300 N State St.，Chicago

玛丽娜城

4. 格兰特公园（Grant Park）

是芝加哥最重要的市中心公园，很多历史事件曾经在这里上演，如今这里是芝加哥许多重大节日的举办地。园内还有很多极具特色的建筑，包括芝加哥艺术学院、白金汉郡喷泉等，在南端还有一片占地约23万平方米的博物馆区。

⊙ 331 E. Randolph St.，Chicago

☙ 免费；（每天7:00～23:00开放）

格兰特公园

5. 芝加哥历史博物馆（Chicago History Museum）

收藏了自1945年以来的一些发人深省的艺术品，也是为当代艺术家提供艺术品展示的场所之一，是人们探究当代艺术家创作思想和视角的地方。

📞 312-6424600

🌐 1601 North Clark Street，Chicago

🎫 12岁以下免费；13～22岁12美元（需要出示证件，含语音导览）；65岁以上12美元（含语音导览）；成人14美元（含语音导览）。

6. 海军码头（Navy Pier）

是芝加哥极具历史意义的建筑物之一，是一个商业、休闲、游乐的热点，1万米长的码头直伸进浩瀚的密歇根湖。其中码头的20万平方米区域内设有花园、商店、餐馆和各种具有吸引力的娱乐设施，另还有17万平方米的展览区。

📞 312-5957437

🌐 600 E Grand Av.，Chicago

🎫 免费

海军码头

7. 芝加哥大学（The University of Chicago）

1891年由约翰·洛克菲勒创办，是一所男女同校，无宗教派别，在美国私立学校中最富有声望的综合性大学。这里曾经创造了众多奇迹，产生了许多影响世界的科研成果，培养出了81位诺贝尔奖获得者，其中包括华裔物理学家李政道、杨振宁、崔琦。

芝加哥大学校园古香古色，其教学楼是哥特式建筑，给人以历史的沧桑感，具有别致的艺术魅力，特别引人注目，它犹如一座欧洲中世纪城堡，幽静神秘，蕴含着浓厚的学术气息。

☎ 773-7021234

⊕ 5801 S Ellis Av., Chicago

8. 白金汉喷泉（Buckingham Fountain）

1927年落户芝加哥，是世界上最大的喷泉之一。水池基座用粉红色大理石筑成，水池直径85米，储水量570万升，每分钟喷水量53200升，喷泉中央水柱可高达46米。黄昏时，灯光、音乐会与喷泉同步配合表演。

☎ 312-7427529

☺ 301 S Columbus Dr，Chicago

☺ 根据天气状况，4月中旬至10月中旬，每天从8:00至23:00进行喷泉表演，表演持续时间为20分钟，间隔时间为40分钟。最后一次喷水表演时间从晚上10：00开始。

9. 密歇根大街（Michigan Avenue）

　　是芝加哥市一条南北方向的主干道，街道沿途有芝加哥水塔、芝加哥艺术学院、千禧公园以及"华丽一英里*"等知名景点，街道如今已是芝加哥市一条著名的商业街。

芝加哥"华丽一英里"

10. 谢德水族馆（John G.Shedd Aquarium）

　　1930年5月30日对外开放，是世界上第一座位于内陆地区的海洋生物水族馆。水族馆内共有130多个水族箱，饲养着包括鱼类、海洋哺乳类、爬行类等2100种海洋生物，这其中就有密西西比河的大雷鱼。每天从上午11点到下午2点还有潜水员喂鲨鱼、海龟、鳗鱼等现场表演。

☎ 312－9392438

☺ 1200 S Lake Shore Dr，Chicago

☺ 水族馆有各种套票供游人选择。水族馆在10月至2月间的周一、周二免费(12月的最后两周除外)。

------

*一英里=1.609344千米

11. 密歇根湖（Lake Michigan）

北美地区五大湖泊之一，面积居第三位，同时也是唯一一个全部属于美国的湖泊，湖东南岸的印第安纳国家湖滨区和州立公园的沙丘最为著名。这里是不需要门票的。

密歇根湖

12. 芝加哥大帆船（Tall Ship Adventure）

长45.6米，有四根大桅杆，由现代化材料制成。可让游客追忆并感受大航海时代的场景、学习海洋历史、训练航海技巧，是一次充满冒险的发现之旅。

📞 312-4512700

📍 600 E Grand Av., Navy Pier, Dock Street, Chicago

🎫 0~2岁1美元（每个家庭限两名婴儿）；3~12岁10美元；13~17岁及60岁以上25美元；成人30美元；另收取服务费每人2美元。另有多种航海票务套餐。

芝加哥大帆船

13. 芝加哥建筑基金会总部大厦（Chicago Architecture Foundation）

建筑基金会总部大厦中有部分免费的展览、生动的讲座和奖品。热情博识的讲解员会用精彩生动的讲解，让你了解为何芝加哥会成为美国建筑之都。

芝加哥建筑基金会总部大厦

📧 312-922TOUR x258

📍 224 South Michigan Avenue，Chicago

🎫 不同线路，每人大约30到50美元不等。

延伸阅读

公牛队和迈克尔·乔丹

芝加哥公牛队因"飞人"迈克尔·乔丹而成为全球知名度最高的NBA球队，作为NBA最伟大的球员，早已把身披公牛队23号球衣、轻灵而又霸气的身影定格在每一个球迷脑海里，让每一位球迷为之沉醉欢呼。

迈克尔·乔丹

公牛队1966年加入NBA，起初并没有多大成绩，也并不为人所知，经过了一段艰辛的适应期后，逐渐有起色。1971年起，公牛队连续四年在常规赛中取胜了50场以上，终于在NBA中有了自己的一席之地。1974和1975年，公牛队凭借顽强的防守两度杀入分区决赛，这也是公牛队鼎盛辉煌的时候。1984年，公牛队的历史再次揭开了新的一页。当时的NBA群雄并起，竞争异常激烈，不过以选秀探花身份的后卫迈克尔·乔丹加入公牛队后，该队很快就脱颖而出，奠定了自己不可动摇的霸主地位。迈克尔·乔丹在体育界的声名也随之传播开来，成为当代NBA的代名词。

人文地理

1. 底特律美术馆（Detroit Institute of Arts）

建于1885年，自称美国第六大博物馆，2003年曾被评为美国第二大市属博物馆。馆内有100多个画廊，陈列着来自世界各地的难得一见的著名美术珍品，其中包括奥古斯特·罗丹的雕塑

底特律美术馆

《思想者》、凡高《自画像》等。

☎ 313-8337900

⊕ 5200 Woodward Av., Detroit

💰 会员、5岁及以下免费；6~17岁4美元；大学生凭有效带照片身份证件5美元；老人6美元；18~61岁8美元。

2. 摩城历史博物馆（Motown Historical Museum）

以前是一位摄影师的工作室，后被摩城历史博物馆的创始人Berry Gordy 在1959年买下，成为一家音乐史料丰富的历史博物馆。

摩城历史博物馆

☎ 313-8752264

⊕ 2648 W Grand Blvd，Detroit

💰 5~12岁、62岁及以上6美元；20人以上团体每人8美元；18~61岁10美元。

3. T型汽车遗产博物馆（Model T Automotive Heritage Complex）

展现了底特律早期的汽车制造工艺。游客可以看到亨利·福特当年设计并制造的T型车"Tin Lizzies"，真实地感受有如长河的汽车发展历史。

T型汽车遗产博物馆

📠 313-8728759

🌐 461 Piquette St，Detroit

💰 每人10美元

4. 通用汽车文艺复兴中心（GM Renaissance Center）

是底特律市风景最美的地方，也是通用汽车公司的新总部。这个由五栋大楼组成的漂亮楼宇群矗立在伊利河畔，与北部的加拿大城市温莎隔河相望，是底特律市的地标建筑。

📠 313-5673126

🌐 400 Renaissance Center 2500号，Detroit

通用汽车文艺复兴中心

"卫士"摩天大楼

5. "卫士"摩天大楼（Guardian Building）

建于1929年，是底特律的标志性建筑之一，是美国摩天大楼中比较有代表性的一幢，其内部装饰风格富丽堂皇，精美的瓷砖和马赛克图案，配以完美组合的灯光，感官效果堪称一流。

☏ 313-9634567

◌ 500 Griswold St，Detroit

6. 费舍尔剧院（Fisher Theatre）

很多著名的表演艺术家曾来到费舍尔剧院表演。剧院内部装饰精美，节目表演一流。

☏ 313-8721000

◌ 3011 West Grand Boulevard，Detroit

费舍尔剧院

💰 从几美元到几十美元不等，根据上演节目定价。

老三一教堂

7. 老三一教堂（Historic Trinity Lutheran Church）

位于市中心，始建于1866年，1929年重建，1931年完工，是神圣庄重、历史文化韵味深厚的宗教建筑。早期该区域有大量的德国移民，所以有德语服务，1983年被列入美国国家历史建筑名录。

📞 313-5673100

📍 1345 Gratiot Ave，Detroit

8. 底特律公共图书馆（Detroit Public Library）

是当地藏书量排名第二的图书馆，在整个美国排名第20位，仅凭其藏书量及建筑物本身就值得一游。

底特律公共图书馆

📞 313-8331000

📍 5201 Woodward Av.，Detroit

🎫 借出图书需要办理图书卡，非底特律居民办卡年费约100美元。

266

9. 福克斯影院（Fox Theatre）

创建于1928年，是福克斯连锁影院的旗舰店，是第一家因放映有声电影并安装扩音系统而闻名的影院，1989年被指定为国家历史地标。

☎ 313-4713200

⌚ 2211 Woodward Av.，Detroit

💰 根据不同演出，票价从十几至几十美元不等

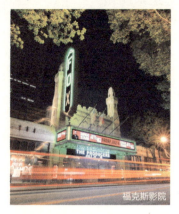

福克斯影院

10. 底特律河（Detroit River）

是美国和加拿大的界河，一座大桥横跨两岸，名为"大使桥"，寓意大桥成为两国人民交流的大使。底特律河长51千米，宽1.5～2.5千米。河的对岸是加拿大的温莎市。

底特律河

南部景点
南部之旅示意图

密苏里州
MISSOURI

尔萨
Ilsa

阿肯色州
Arkansas

Arkansas

小石城
Little Rock

田纳西州
TENNESSEE

拉斯
llas

密西西比州
MISSISSIPPI

路易斯安那州
LOUISIANA

佐治亚
亚拉巴马州
ALABAMA

杰克逊
Jackson

蒙哥马利
Montgomery

GEORGIA

休斯敦
Houston

巴吞鲁日
Baton Rouge

新奥尔良
New Orleans

塔拉哈西
Tallahassee

佛罗里达州
FLORIDA

大

奥兰多
Orlando

G

西

墨

哥

湾

西

Gulf of Mexico

西

迈阿密
海滩市
Miami
Beach

迈阿密
Miami

F

E

佛罗里达海峡
Str. of Florida

大

西

洋

ATLANTIC OCEAN

菲尼克斯景点

1. 亚利桑那州议会博物馆（Arizona Capital Museum）

亚利桑那州议会博物馆

位于菲尼克斯市中心，始建于1898年，1901年州议会搬入，1918和1938年两次扩建。1978年改为亚利桑那州议会博物馆，是美国国家历史建筑。

博物馆展示了亚利桑那由一个独立的主权地区成为美国一个州的演变。展览内容包括：亚利桑那州的标记、如何成为美国一个州的历程和亚利桑那宪法，记录了100多年过程中对宪法的修改。

⊕ 1700 W Washington St.,Phoenix, Arizona

2. 帕帕戈公园（Papago Park）

帕帕戈公园

位于菲尼克斯市东部，公园内的数千种奇形怪状、大大小小的仙人掌是必看的景物。

公园里的沙漠植物园是世界上最大的沙漠植物园，建于1939年，占地566800平方米，园内有21000株植物，大部分是沙漠的仙人掌类植物，其中有139个濒危的植物品种。

公园里的菲尼克斯动物园是美国最大的非营利动物园，园内有1300多种野生动物，游客可以乘坐观光车观赏园中的动物，或者通过4千米的步道步行亲近动物。

3. 菲尼克斯大学（University of Phoenix）

位于城东南部，始建于1976年。

该大学是北美地区最大的私立学校，有200多个校区和35万名在校生，是专门从事成人教育的大学。提供本科、硕士、博士，以及单科证书等四种类型的课程，设有100余个学位。利用网络和信息技术，实施学历教育，远程教育采用与别的大学相互承认学分的方式，面向市场，机制灵活，被视为目前世界上最会经营的网络大学。

美国有关高等教育机构大都承认菲尼克斯大学网上教育所颁发的学位与课程教育证书。

866-7660766

4635 E Elwood St.，Phoenix

菲尼克斯大学

4. 菲尼克斯大学体育馆（University of Phoenix Stadium）

坐落在美国西南科罗拉多高原的沙漠中。场馆的设计建造非常有特色，外形呈碟状，可拆卸，可组合，可移动。场馆被建在16条轨道之上，有63400个座位。如此庞然大物只需按下一个按钮，在一个小时内就能被装在卡车上运走。另外，场馆屋顶开放的大小也可根据需要自由调整，使得参加比赛的球队既可以拥有遮风

菲尼克斯大学体育馆

避雨的屋顶，又能享用自然阳光下的草坪。

📧 623-4337101

⊕ 1 W Cardinals Drive，Glendale

🎫 3岁以下免费；4～12岁、65以上、现役军人（持身份证件）7美元；13～64岁9美元。

5. 石化林国家公园（Petrified Forest National Park）

位于菲尼克斯的东边，是一座举世罕见的石化林国家公园。

公园分成两大部分，北部是颜色多变的三叠纪时期的秦里层，颜色如同"彩色沙漠"；南区则聚集了大片色彩艳丽的岩层、硅化木和印第安人的岩石画。

石化林国家公园

在这里旅游，你可以选择骑车游览石化林，也可以不用向导，骑马穿行于蜿蜒的小径。但是欣赏和体验石化森林国家公园的最好方式是步行。在这里请注意公园管理局的规定，不可以在公园捡石头，不允许把石头带出公园。

在公园的南门入口处，有一座不太大的彩虹森林博物馆设有各种石化木、化石和史前动物标本展览，同时，这里也是多条徒步路线的起点。

☎ 928-5246228

⊙ 1 Petrified Forest Rd，Holbrook

💰 5美元/人/7天；10美元/车/7天。

6. 赫德博物馆（Heard Museum）

是介绍印第安文化的顶级博物馆之一，展示了美国西南部地区原住民的文化艺术、美术作品、手工艺品以及从史前开始的生活样式。

☎ 602-2528840

⊙ 2301 N Central Av.，Phoenix

💰 5岁以下、会员及美国印第安人免费；学生（需携带身份证件）、6～12岁7.5美元；65以上13.5美元；13～64岁18美元。（价格随时有变化）。

赫德博物馆

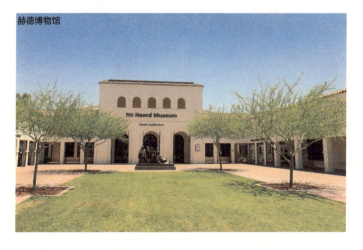

7. 亚利桑那科学中心（Arizona Science Center）

亚利桑那州最知名的科学中心。提供超过350个常设展览，以大量的巡回展览为特色，并为各个年龄段的游客提供科学夏令营、学前教育等项目。

中心目前有3700多平方米的画廊，有285个座位的现代化IMAX影院，有200个座位的天文馆和一套多媒体教室。

☎ 602-7162000

⌖ 600 E Washington St.，Phoenix

🎫 会员免费；3～17岁11美元；62岁以上12.95美元；18～61岁14.95美元。天文馆、IMAX影院及特色展览单独收费。

亚利桑那科学中心

1. 萨瓜罗仙人掌国家公园（Saguaro National Park）

坐落在图森市东郊，有成百上千种沙漠植物，如仙人掌、仙人球和仙人柱。其中数量最多也是最壮观的就数仙人柱了。仙人柱

萨瓜罗仙人掌国家公园

是一种巨型仙人掌，最高可达15米，寿命约200年。众多的仙人柱排在旷野里，就像千万支擎天巨臂，十分壮观。而珍贵的树形仙人柱是公园最大的特色，很多树高达五六米，有的甚至高达十多米。

东区：520-7335153，西区：520-7335158

3639 South Old Spanish Trial Tucson

儿童6美元；成人9.5美元。

2. 国立天文台（Kitt Peak National Observatory）

位于图森市南郊，白色，圆顶，是世界上最大的天文台之一。它拥有世界最大的太阳望远镜（口径2米多）和第三大反射望远镜（用于观察星空，口径4米，重375吨）。

国立天文台

520-3188000

950 North Cherry Av.,Tucson

斯图尔德国立天文台

3. 斯图尔德国立天文台（Steward Observatroy）

建于1916年，在亚利桑那大学内，是亚利桑那大学的一部分，对在校学生开放。

☏ 520-6212288

⊕ 933，North Cherry Avenue Tucson

4. 大力神导弹博物馆（Titan Missile Museum）

坐落在图森市城南，是在原导弹基地上修建的全世界独一无二的洲际导弹博物馆。

博物馆介绍了1945至1991年导弹的发展历程，有升空和返回的模拟演示，有大力神2型导弹的展示。

博物馆旁边还有戴维斯·芒桑空军基地的停机坪，占地1200公顷，专门停放二战以来退役的飞机，共20000多架。

大力神导弹博物馆

⊕ 150 West Suval Mine Road，Sahuarita

🎫 儿童6美元；成人9.5美元。

5. 老图森电影博物馆（Old Tuson Studios）

是1938年由哥伦比亚电影公司建设的电影拍摄地，当时用四十天盖了50栋房子，用作美国西部电影的拍摄地。现在成为了一个展示电影拍摄艺术的主题公园。

老图森电影博物馆

📞 520-8830100

📍 201 South Kinney Road,Tucson

6. 皮纳航空航天博物馆（Pima Air and Space Museum）

有300多架来自美国和世界各地飞机和航天器，也是世界最大的非政府资助的航空航天博物馆。

皮纳航空航天博物馆

📞 520-6740462

📍 6000 E,Valencia Rd.， Tucson

🎫 儿童9美元；成人15.5美元。

7. 亚利桑那州立博物馆（Arizona State Museum）

是州内最大、最古老的考古学博物馆，展览的主题是"西南美国印第安人的生命路径"，覆盖了10个印第安人部落。展品有陶器、纺织品和服装等。

亚利桑那州立博物馆

📞 520-6216302

📍 1013 East University Boulevard，University of Arizona，Tucson

🎫 儿童免费；成人5美元。

达拉斯景点

六旗主题公园

1. 六旗主题公园（Six Flags Over Texas）

位于达拉斯西南，园内有受欢迎的各式过山车，其中"冰冻先生"是得克萨斯州最高最快的过山车；有"空中惊魂"飞椅、摩天轮、过山车、星际飞船、气球塔、瞭望塔、小型赛车等娱乐设施。

六旗主题公园

📞 817-6408900

📍 2201 Road to Six Flags St. E，Arlington

🎫 2岁以下儿童免费；身高122厘米以下的儿童47.99美元；成人62.99美元。网络购票47.99美元，提前3天以上网络订票44.99美元。

2. 肯尼迪总统纪念广场（John F. Kennedy Memorial Plaza）

美国第35任总统约翰·肯尼迪遇刺的地点，广场上的纪念碑是为纪念他而建的。

📞 214-7476660

📍 646 Main St，Dallas

3. 第六层博物馆（The 6th Floor Museum）

第六层博物馆

是一幢坐落在达拉斯市迪利广场的埃尔姆大街，有130年历史的八层建筑，现在是达拉斯县行政大楼。

1963年，这座大楼是德克萨斯州教科书仓库，李·哈维·奥斯瓦尔德当时是这座仓库的临时雇员，1963年11月22日他从大楼六层上的窗口向乘坐着敞篷车从楼下经过的约翰·肯尼迪总统开枪，将其刺杀。

1989年这座大厦的第六层被改成"第六层博物馆"，并对公众开放。馆内陈列有关于约翰·肯尼迪总统死亡的资料、遗物、路人随机拍下的照片和保镖的回忆资料，共有40000多件。2002年大厦的第七层也被改为博物馆，对公众开放，以纪念这位被美国人认为有着非凡才华的总统。

📞 214-7476660

🕐 411 Elm St., Dallas

🎫 0～5岁免费；6～18岁13美元；65岁以上14美元；19～64岁16美元。

4. 菲尔公园（Fair Park）

有博物馆、水族馆和植物园，已被列为达拉斯地标和国家历史地标。这里最盛大的活动要数每年秋季在此举办的为期一个月的德克萨斯州博览会。

菲尔公园

📞 214-4263400

🕐 1121 1st Avenue, Dallas

🎫 免费，但园内博物馆、水族馆和植物园等需购买门票。

白岩湖

5. 白岩湖（White Rock Lake）

　　湖水碧绿、草木繁盛、芦苇茂密，还有古旧的栈道与帆船。成双成对的野鸭更是景区有趣的看点。这里还提供一系列的娱乐项目，如垂钓、驾驶帆船、骑自行车等。

📞 214-6708890

🕐 8300 East Lawther Drive，Dallas

🎫 无

6. 达拉斯动物园（Dallas Zoo）

　　占地约429149平方米，林木茂盛，山崖叠翠，是半开放半原始的非洲动物区，可乘坐单轨观光电车游览。爬行馆是封闭式的，千奇百怪的爬行动物令人大开眼界。

达拉斯动物园

📞 469-5547500

🕐 650 South R. L. Thornton Fwy，Dallas

🎫 2岁以下及达拉斯动物协会会员免费；65以上、3~11岁9美元；12~64岁12美元。（价格随时有变化）

1. 墨西哥湾与加尔维斯顿湾的分界线地区

位于休斯敦东南约80千米处，曾经是海盗根据地，现已成为了休斯敦的旅游胜地。

此处的沙滩绵软细腻，阵阵海浪向游人招手，遍布的休闲场所令人驻足。

离沙滩不远的地方，保留了1800年代的市容街区。建于1886年的比夏宫殿遗迹和圣哈辛托古战场等，都会让你从中感受休斯敦的历史与发展。

2. 休斯敦自然科学博物馆（Houston Museum of Natural Science）

休斯敦最大的自然科学博物馆，坐落在赫尔曼公园中，涵盖了古生物学、非洲野生动物、软体动物学、北美印第安人、古埃及、矿产、化学等内容，是了解休斯敦历史文化的必去之地。

休斯敦自然科学博物馆

除此，博物馆内还设有石油科普馆。以趣味式的形式展示了有关石油的方方面面，包括石油从生成到采出，再到成品的整个过程。

713-6394629

5555 Hermann Park Dr., Houston

会员免费；学校团体票3.5美元；团体票（20人以上）7美元；62岁及以上、儿童、大学生（持身份证件）、现役军人（持身份证件）15美元；成人20美元。

3. 林登·约翰逊航天中心（L.B.J. Space Center）

　　占地约656公顷，位于休斯敦市东南35千米的克利尔湖畔，自1961年启用，先后参与实施了几十次载人宇宙飞行，负责技术设计、训练宇航员、飞行指挥和控制。

　　来到这里可以参观太空舱、航天飞机、太空站等实验室，能看到各种太空仪器、火箭、卫星、宇宙飞船、太空衣、仿制的"月球车"，以及回收的"阿波罗"号飞船等。

☏ 281-4830123

⊕ 2101 NASA Pkwy，Houston

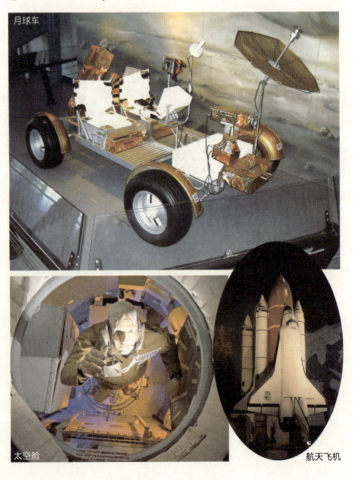

月球车

太空舱

航天飞机

4. 休斯敦美术馆（Museum of Fine Arts, Houston）

面积25000平方米，1924年对公众开放，是全美最大的博物馆之一，展出了人类跨越6000年的63718件永久收藏的艺术品。

☎ 713-6397300

✧ 1001 Bissonnet,Houston

💰 12岁以下免费；13～18岁7.5美元；65岁及以上10美元；19岁及以上15美元。

5. "发现绿色"城中心公园（Discovery Green Park）

城中心的保护地，紧挨着丰田中心，占地47700平方米，公园内有湖、喷泉、绿地、孩子游玩的场地、球场、溜冰场、湖边咖啡厅，还有露天的表演舞台。

"发现绿色"城中心公园

迈阿密景点

1. 迈阿密海洋馆（Miami Seaquarium）

是世界上收集海洋
动物最多的一个馆。馆
内有400种约一万条鱼，
六大类海兽，50多种无
脊动物，每天安排八种
动物表演，如海豚戏水、
鲸鱼腾空等等……。馆

迈阿密海洋馆

内还有一座专门播映海洋生物的电影馆，通过里面的影像资
料，可以了解更多的海洋知识。

📞 305-3615705

📍 4400 Rickenbacker Causeway，Key Biscayne

🎫 3～9岁31.95美元；普通门票41.95美元。

2. 大沼泽地国家公园（Everglades National Park）

是6800平方千米
的大湿地，是美国本
土最大的亚热带野生
动物保护地。

公园内有十分丰富
的动植物资源，如当地
独有的橡树、黄瓜、八

大沼泽地国家公园

角莲、巴婆、野生橘、野生橡胶树等植物。此外，该公园也是
水鸟、鳄鱼、水獭等动物的乐园。

📞 305-2427700

📍 40001 State Highway 9336，Homestead

🎫 金卡（盲人或终生残疾人士）免费；5美元/人/7天；10美元/车/7天；
黄金老年卡（62以上）10美元（一次性费用，终身有效）。

3. 迈阿密自由塔（Freedom Tower,Miami）

建于1925年，塔高78米，是美国标志性历史建筑。

迈阿密自由塔

该塔原是《迈阿密新闻报》总部的所在地，二十世纪60年代由于大量加勒比和拉美的移民涌入，这座塔被美国政府用作接收难民和新移民的场所。后来这座塔被私人购买，捐赠给迈阿密戴德学院（Miami Dade College）用来作为文化和教育中心使用。现在，塔内经常有文化和艺术展，达·芬奇大师的艺术品也曾在此展出。

4. 迈阿密港（Port Miami）

位于比斯坎湾，是最重要的游轮母港，"嘉年华"号、"皇家加勒比"号、"挪威游轮"号等诸多名轮都在此停泊，有世界游轮之都的美称。每年从这里乘游轮旅游的人数达433万人，世界每七个游轮游客就有一个是从这里出发的。

迈阿密港

5. 比斯坎岛（Key Biscayne）——潜水爱好者的天堂

位于迈阿密市东南，长8千米，宽1.6～3.2千米。岛上有游艇俱乐部，有美丽的海滨沙滩，是潜水爱好者的天堂。由于在附近的水域有许多沉船，所以潜水有不同的主题。如沉船潜水、海中陵墓潜水等。

在迈阿密潜水，要有潜水证，要经过专业的培训，不要擅自单独潜水。

比斯坎岛

6. 小哈瓦那（Little Havana）

是来自古巴、秘鲁、墨西哥等北、南美洲移民者餐厅、商店、酒吧聚集的中心，可以品尝到传统地道的拉丁美洲料理。

☏ 305－8999069

⊕ 12727 Biscayne Blvd，North Miami

小哈瓦那

迈阿密海滩景点

1. 迈阿密海滩（Miami Beach）

是美国著名的海水浴场，全世界名列前茅的观光胜地，这里有蓝天、碧海、白沙，群群海鸥时而在海上戏水，时而到沙滩觅食，时而又翱翔天空，组成了一幅十分美妙的立体图画。

迈阿密海滩平坦广阔，绵延数千米，像一条长长的宽大白色玉带镶在海边，一眼望不到头。高大的棕榈树群，在海风的吹佛下，发出充满热带气息的沙沙节奏，身穿比基尼的时髦女郎就像鲜花的花芯洒落在海滩上、海水中，夕阳西下时分，白色的海滩被染成了金黄色，美得令人惊呆。

迈阿密海滩被划分为不同的区域，游泳区、冲浪区、快艇区、游艇区、邮轮码头区等等，在这几个区域，每隔一段有一个救助站来保障泳者、游人在海里的安全。

📞 305-673-7400

📍 1755 Meridian Av.，Suite 500 Miami Beach

迈阿密海滩

人文地理

2. 新世界中心（New World Center）

位于迈阿密海滩的南滩，是新世界交响乐团演出的主场地。音乐厅有756个座位，由洛杉矶迪士尼音乐厅的设计者弗兰克·盖瑞设计。是世界顶级音乐家、指挥家聚集的地方。

305-6733330；订票电话：305-6733331

5000 17th Street,Miami Beach

3. 枫丹白露酒店（Fontainebleau Hotel）

酒店1954年开始营业，是美国"最受欢迎的建筑"之一。它面对大西洋，有1504个客房，3700平方米的水疗区（Spa），也是被美国影视界拍摄最多的外景之一。

800-5488888

4441 Collins Avenue,Miami Beach

1. 奥兰多迪士尼世界（Walt Disney World）

奥兰多迪士尼世界

是世界最大的迪士尼乐园，有魔幻王国、爱普考特（科幻和教育主题）、迪士尼好莱坞影城和动物世界几个部分。

迪士尼乐园给小城奥兰多带来了无尽的欢乐，这个庞大的乐园需要两至三天才能走遍。在这里可以乘坐游览小火车，可以坐船，买一张通票可以玩遍园里的所有娱乐项目。

407-5665343

P. O. Box 10040 Orlando

五日套票57.8美元；成人一日票95美元。

2. 哈利·波特魔法世界（The Wizarding World of Harry Porter）

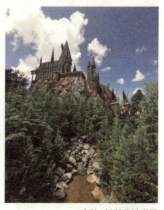

到奥兰多旅游，哈利·波特迷们一定不能错过的，就是由华纳兄弟和环球影城公司合作修建的"哈利·波特魔法世界"了。这里尽最大可能还原了电影中的场景，甚至可以让你像电影中的巫师们一样，骑上扫帚，"飞"一把。哈利·波特魔法世界2014年建成并开放。

哈利·波特魔法世界

954-5581782

6000 Universal Boulevard,Orlando

将于2014年开放。

3. 肯尼迪航天中心（Kennedy Space Center）

由综合区、名人馆和发射体验馆等多个建筑组成，是人们特别是孩子了解太空探秘技术的好去处。

游客们可以在发射基地附近露营，目睹航天飞机发射，在肯尼迪航天中心博物馆里了解太空飞船的历史资料，观看航天飞机发射的各个环节。

📧 866-7376235

📍 奥兰多市的戴托纳海滩

🎫 儿童40美元；成人50美元。

肯尼迪航天中心

肯尼迪航天中心大门

4. 奥兰多环球影城（Universal Studios Orlando）

不但是一个电影大片的制作工厂，也是一个娱乐的主题公园，在这里可以观赏大片和4D电影，也能体验电影制作和观看电影带来的激情。

奥兰多环球影城

📞 407-3638000

📍 6000 Universal Boulevard，Orlando

🎫 一日的套票成人128美元，儿童122美元。

5. 奥兰多海洋世界（Sea World Orlando）

奥兰多海洋世界是亲近和了解海洋动物的好去处，在这里不但可以看到鲸鱼，也能看到凶猛的大白鲨。

📞 407-3513600

📍 7007 Seaworld Dr.Orlando

🎫 儿童74美元；普通日:成人82美元。

奥兰多海洋世界鲸表演

奥兰多海洋世界

PART 2

旅游资讯

🔒 签证信息

办理签证之前必须持有前往美国旅行的有效护照，护照有效期需超出在美预定停留期至少六个月以上。

1. 签证申请流程

（1）填写在线DS-160非移民签证申请表，并打印出带有条形码的"确认页"。

DS-160在线填写网址：https://ceac.state.gov/genniv/default.aspx

（2）DS-160表格填写指南

①预约面谈的使馆、领事馆，必须与DS-160表格开头选择面谈地点的使馆、领事馆保持一致；

②如果是续签或无需进行面谈，请选择广州；

③除按要求以英文(拼音)和中国文字填写申请者的全名外（中国文字在表格中标明为"申请者的本国文字"），所有问题必须以英语作答。请注意：必须填写中文全名及相对应的中文电报码；

④填写DS-160表时需要上传一张最近六个月内的数码照片，头部尺寸要占整个照片高度的50%到70%，照片须为正方形，清晰度最小为600×600像素，最大为1200×1200像素；

⑤在填写申请表的过程中，如果超过20分钟未操作，申请流程将被终止。请记下页面右上角显示的申请编号，如果需要在提交申请前关闭浏览器，则需要使用该申请编号继续进行申请；

⑥DS-160表格完成之后，会生成标有字母加数字格式的条形码"确认页"，要在去使领馆面谈的时候带好打印清楚的"确认页"；

⑦打印标有条形码的"确认页"之后，请点击浏览器上的"后退"按钮，然后将DS-160表格副本发送至个人的邮箱，文件为PDF格式，需使用Adobe Acrobat查看或打印。

2. 支付签证申请费

（1）支付签证费用说明

①必须提前在申请网站上注册并选择"安排面谈时间"，以进入支付程序；

②登录"申请美国签证"官网创建个人资料。(http://www.

ustraveldocs.com/cn_zh/index.html?firstTime=No）;

③登录后点击屏幕左手侧的"安排面谈时间"（Schedule My Appointment）选项。依次完成以下步骤：选择移民、非移民签证，使馆、领事馆，签证申请归类和签证类别；

④进入支付界面后，点击支付方式(Payment Options)；

⑤根据需要选择支付方式，并缴纳签证申请费用。无论申请结果如何，已经缴纳的签证申请费均无法退还；

⑥支付流程完成后，请打印收据编号并妥善保管。一旦丢失，将无法替换。如不提供收据编号，也无法进行预约；

⑦签证费用的支付流程顺利完成，即可通过收据编号预约面谈。

（2）支付方式

①在线支付：

请注意，银联借记卡持有人将支付0.3%的服务费，该系统不接受信用卡。

非移民签证（NIV）申请费最方便的付款方式是由中国本地的银行发行的借记卡在网上支付。另外，只能使用由中国本地的银行发行的借记卡在网上支付签证费。

②可以在中信银行柜台办理现金支付：

可以在中信银行的任何一个网点使用现金支付非移民签证（NIV）申请费。去银行之前，必须登录"申请美国签证"官网，打印相应的美国签证收费单。支付签证费时，请携带自己的护照和打印的签证付款单。支付流程完成后，将会收到一个收据。请打印收据编号并妥善保管。

③自动柜员机支付：

可在中国境内有中信银行的任意自动柜员机上缴纳非移民签证(NIV)申请费。在缴纳费用之前，必须登录"申请美国签证"官网打印自动柜员机的交易单号。支付完成后，系统将打印一张包含"签证费收据"的收据，请妥善保管，以便通过在线系统或预约中心安排预约。

3.预约面谈时间

登录"申请美国签证"官网

（http://www.ustraveldocs.com/cn_zh/index.html?firstTime=No）;

点击左手菜单上的"安排面谈时间"(Schedule Appointment)，启动预约安排流程。

4.预约需要提供的材料

(1) 护照号码；

(2) 签证申请缴费收据上的编号；

(3) DS-160"确认页"上的十(10)位条形码编号。

5.到预约地点面试

按照约定的时间到使领事馆进行面谈。请随身携带一份预约单打印件、DS-160确认页打印件、一张最近六个月内的近照、所有新旧护照以及其他支持性文件（如：当前就职证明、房产证或资产证明、行程表等）。

6.领取签证

申请人可以通过"申请美国签证"官网进行签证状态查询。如果签证获批，将寄送至预约面谈时选择的中信银行网点。

(1) 申请人亲自前往，必须出示政府签发的护照、身份证原件和预约信打印页；

(2) 委托他人领取，必须出示代领人的护照身份证原件、申请人的护照身份证影印件、申请人签署的授权书和预约信打印页；

(3) 申请人的年龄小于16岁，则需要下列证件：申请人父母任何一方签署的授权书、申请人家长（签署授权书的一方）清晰的护照身份证影印件、代领人的护照身份证原件、复印件和预约信打印页；

(4)中信银行只将护照资料保留15天，15天之后未被领取，将会被退还到大使馆或者领事馆。请务必在15天之内领取护照资料。

7.特别提示

(1) 建议非移民签证申请人至少于出行前三个月进行申请。注意：尽早申请！

(2) 大使馆签证处不允许携带食物以及任何液体，包括饮料。也不允许携带任何电子设备包括手机，因此建议除了钥匙、钱包和签证申请资料夹外，不要携带任何东西。

旅游资讯

（3）美国大使馆签证处全区域处于美国政府的监控之下，注意自己的言行，一切行为都在摄像头的监视之下，并且极有可能影响最后的签证结果。

（4）在面谈中诚实是非常重要的，错误引导，说谎或者出示虚假材料都可能导致永久拒签。

（5）更多签证申请信息可以参照美国驻华使团的官方签证信息网站：http://www.ustraveldocs.com/cn_zh/index.html?firstTime=No

8.美国驻华使、领馆地址

（1）美国驻华大使馆（北京）

签证面谈在两个地点进行，请查看预约信，确定您的面谈地点。

新馆地址：北京安家楼路55号，邮编：100600。

日坛分部：北京建国门外秀水东街2号，邮编：100600。

网址：http://beijing.usembassy-china.org.cn/index.html

（2）美国驻华总领事馆（成都）

四川成都领事馆路4号，邮编：610041

网址：http://chengdu.usembassy-china.org.cn/

（3）美国驻华总领事馆（广州）

广州市天河区珠江新城华夏路，（靠近地铁3号线或5号线珠江新城站B1出口）

网址：http://guangzhou.usembassy-china.org.cn/index.html

（4）美国驻华总领事馆（上海）

上海南京西路1038号梅龙镇广场8楼，邮编：200041

网址：http://shanghai.usembassy-china.org.cn/index.html

（5）美国驻华总领事馆（沈阳）

沈阳和平区十四纬路52号，邮编：110003

网址：http://shenyang.usembassy-china.org.cn/index.html

 实用信息

1. 语言

美国没有法定的官方语言，英语是事实上的国家语言。除英语外，还使用西班牙语、法语、德语等。

2. 地铁

美国波士顿、纽约、华盛顿、洛杉矶、旧金山等城市都有地铁。在纽约，地铁和公共汽车同属纽约市公交局管理，其票价相同（除行驶在东西快行线上的快速公交车以外）。票价的支付方式有两种，一

种是全市区内票价统一，进地铁站时付票，只要不出地铁站则可以随意乘坐；另一种是根据目的地的不同而票价不同。乘坐这种地铁时，先确定好目的地，然后在自动售票机上买票。

纽约地铁

3. 自驾提示

美国与中国一样，都是靠右行驶。

严格遵守交通规则，开车时系好安全带（车内的每个人都要系好安全带），尽量避免在夜间或雷雨等恶劣天气中行车。

美国有行人先行权，"行人优先、汽车让人"是基本的交通规则。当开车通过十字路口时，发现有行人过马路，必须停下来让路。

驾驶员行车时必须随身携带保险证明，在美租车时一定会在租金之外列出可供选择的保险。

美国大多数城市如非必要不准按喇叭。

美国的高速公路系统比较复杂，交叉道也较多，看英文路牌的能力很重要。

美国时速以英里计算，一般市区是40～55千米/小时，高速公路是85～120千米/小时。（1英里≈1.609千米）

4. 时差

　　美国横跨西五区至西十区，共6个时区。除了阿拉斯加时区和夏威夷时区外，本土有4个时区。每个时区对应一个标准时间，按照"东早西晚"的规律，各递减1小时。东部时区的代表城市（纽约、华盛顿）与北京相差13小时，中部时区的代表城市（芝加哥）与北京相差14小时，山地时区的代表城市（盐湖城）与北京相差15小时，太平洋时区的代表城市（洛杉矶）与北京相差16小时，夏威夷时区的代表城市火奴鲁鲁（檀香山）与北京相差18小时，阿拉斯加时区的代表城市（费尔班克斯）与北京相差17小时。

　　美国的夏令时始于每年3月的第2个周日，止于每年10月的最后一个周日，进入夏令时时间会调快1个小时。

5. 信用卡和支票

　　美国人消费习惯使用信用卡或个人支票，而很少使用现金。出国前可在银行兑换美元。American Express、Master Card和Visa在美国广泛接受使用。还有不少大商家也收银联卡，越来越多的购物场所可以使用银联卡。

6. 简便的取款方式

　　ATM机遍布美国全境，大多数ATM机都可以使用银联卡提取美元现金。一些银行的ATM提供方便操作的中文界面，如花旗银行等。可在带有银联标志、大多数带有PULSE标志及STAR标志的ATM上提取现金。按照国家主管部门的规定，在境外使用银联卡取款时，单卡每日累计取款不得超过1万元人民币的等值外币，约合1600美元，具体取款限额请咨询各发卡银行。

　　由于使用ATM服务需要支付额外的费用，而且有些银行的ATM机是英文的界面，不建议在美国使用这个服务。

7. 邮政服务

　　美国邮政服务，是美国联邦政府的一个独立机构。美国的每个城市都有邮政总局，大型的城市则有几个提供全方位服务的邮政分局和提供有限服务的邮政所或邮政点（Substation）。大部分的美国邮局都会挂一面大的美国国旗，并有"U.S.Post Office"的字样，因而很容易辨认。邮政服务场所有时会在某个商店或某个杂货店（drug-store）附近。许多大学校园里提供有限服务的小邮政服务点主要出售邮票，提供最低限度的邮政服务，诸如邮寄信件、邮包到美国国内各地。在美国邮政寄出邮包的重量和大小都有所限制，具体费用和有关限制可向邮局询问。

8. 电信、通讯

美国各城市有很多公用电话亭，可以使用磁卡、信用卡或25分硬币。假如在美国某个城市停留时间较长，可到通信公司办理一个预付电话卡。美国现在许多环境都可以无线上网，如机场、酒店、学校和购物中心等。

公用电话亭

9. 电源插座

插座有两孔、三孔式插座，两孔插座和中国的一样，但三孔的和中国的不一样，需使用转换插头。转换插头可自带也可在美国当地购买，大约7美元一个。但建议您在国内准备一个万能转换插座，会更加方便。美国电压110V，频率60Hz。

10. 报关

如果携带专业相机、高价值摄像器材、携带进出海关的设备和器材等，一定要报关，以免不必要的麻烦。

11. 水

在美国的自来水可以安全饮用，酒店和饭店提供瓶装水，也可以在超市购买。

12. 手机

开通国际漫游服务的手机在美国落地后都会收到运营商的短信，提示如何回拨国内和在美国使用手机。按运营商的短信操作即可。

13. 小费

来到美国，身边一定要准备些小额美元。通常在美国接受个人服务都要给小费，在非快餐的餐厅就餐，乘坐出租车，会有15%左右的小费；入住酒店如有行李员的服务要按每件行李2美元付小费；对于理发师和美容师也应付小费。

另外，在快餐店，如麦当劳或街边比萨店等自己直接点餐取菜的地方则不用给小费。如果该支付小费时不付小费，则表示对他的服务极为不满，如果对方服务没有问题而不付小费，则是很不礼貌的行为，那么下次有可能会被拒绝服务。

14. 着装的要求

美国人平时不太在意穿戴，不过在重要场合非常讲究着装。因此，在美国参加重要活动时，应注意请帖上相关的服装规定。假如不确定着装的要求，可提前询问一下其他参加者。如果请帖上写的是"便装"，那也不意味可以穿牛仔裤；如果写有"半正式装"，也不表示可不打领带，因而最好先问清楚，以免尴尬。

穿西装外套通常只扣上扣，也可全部不扣，只是不要全扣。深色西装应穿黑色皮鞋、深色袜子，切忌白袜黑鞋。正式场合，女性应穿裙装，男性应打领带穿深色西服，女性穿晚礼服的话，裙摆应长及脚踝，并穿高跟鞋。

15. 喝酒的场合

美国对于饮酒方面的限制十分严格，规定必须年满21周岁，并且在酒吧和一些有酒销售牌照的餐馆才可饮酒，而在公共场合饮酒则是违法的。许多州还对社区人口和卖酒商店、酒吧比例有限制。新泽西州的州法更为严格，任何人不得在车内饮酒，车上也不得放置已经开启瓶盖（即使是还没有饮过）的含酒精饮料。各州对含酒精饮料销售的管理不同，一定问清当地的管理规则。

16. 谈话的禁忌

在同美国人交谈时，不要谈及13，还有"星期五"，他们对这些字眼很敏感；不要问及年龄、个人收入、财产情况及宗教信仰，美国在相互称呼时直呼姓名，一般不用先生、太太、小姐等称呼，除了法官、医生、高级官员、教授、高级神职人员外，通常称呼头衔不用正式头衔。此外，在称呼长者时忌用"老"字。

17. 男女交谈禁忌

男女交谈时，不要问及妇女婚否、年龄以及服饰价格等私人问题。在社交场合同女子接触时，要把握女士优先的原则。

18. 紧急电话

美国急救电话：911，匪警：911，火警：911。

19. 特殊需要服务

美国的机场服务设施完善，拥有特殊停车位、人行通道路、自动门、搬运工服务等。饮水机设备、海关检查、厕所、电梯和所有的登机口都方便轮椅客人使用。一旦要求，所有航班都可以为有特殊需要的客人安排登记服务。

在美国的许多购物商场以及公园设有专为残疾人士配置的设施，如轮椅、轮椅专用通道。此外，美国有些酒店也有为残疾的客人专设的特殊客房及设施。

美国的停车场都有为残疾人预留的停车场，非残疾人不得使用。

20. 最佳旅游时间

要根据出游的目的地和旅游的主题决定最佳旅游时间。

比如在纽约，每年4—7月是最佳旅游时间；旧金山、洛杉矶全年都适合旅游，有很多不同的节庆活动；拉斯维加斯，春季和夏季是最宜人的季节；芝加哥冬季比较冷，并且风大；黄石国家公园6—10月开放；夏威夷一年四季都可以去旅游，但在节日时段，如圣诞节至新年、复活节、感恩节，酒店住宿费比较昂贵，各个旅游点都是游人如织，热闹异常。

安全和健康

1. 医疗概况

美国医疗条件总体水平较高，设施完善，提供医疗的机构主要有医院、医生诊所、护理院、康复中心、独立的诊断中心和独立的药房等。近60%的医生拥有自己的诊所。医生诊所门诊量由于其规模小、数量多、分布广，病人就医方便，医生诊所通常提供一些基本医疗服务，如全身体检、病程随访、家庭保健、普通内科、儿科、妇产科、矫形外科、眼科等。

在美国买药要去"药房"（pharmacy或drugstore）购买，有些超级市场和折扣商店内也设有药房。还可以在那里买非处方药物（non-prescription），如阿司匹林或普通治感冒的药。"处方药物"（prescription drugs）必须由在该"药房"任职的有执照药剂师售出。合法购买"处方药物"必须有医生开的"处方"（prescription）。

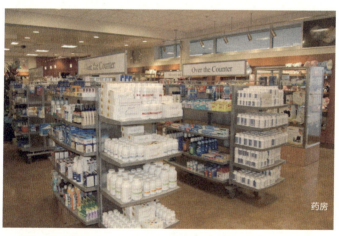

药房

2. 健康注意事项

在美国，就医十分昂贵。中国使领馆不能资助医药费。赴美人员最好享有全面的旅行和医疗保险。行前，须作好医学咨询，确保已接种最新的疫苗。

需注意的是，包括蝙蝠等的野生动物可能会传播瘟疫、狂犬病，另几种传染病有洛基山斑疹热、野兔病、源于节肢动物的脑炎、季节性流行感冒。源自啮齿动物的汉坦病毒已证实主要存在于美国西部地区。莱姆病是美国东北部、中部大西洋沿岸地区的地方病。最近，西尼罗河病毒案例在纽约地区有所发生。近年来，食源性疾病（如肠出血性大肠杆菌和沙门氏菌病）发病率在某些地区有增长。其他病害还有如被毒蛇咬伤、被毒葛扎伤等。在北部地区，冬季低温可能造成冻伤。

3. 安全问题

（1）人身安全

晚上自由活动时要结伴而行，不要太晚回酒店；出去要带好酒店卡片，名片上有酒店的名称、地址、电话，以及紧急联系通讯录，以防不测。

请自备常用药品如黄连素、感冒药、消炎药、创可贴等，或针对自己的情况带适合的药品，有备无患，因为美国的药品很贵。

（2）证件安全

护照是我们在国外唯一有效的身份证明，丢失护照将不能再随团继续旅行，而且还要另外付费到我国在当地的使领馆办理临时证件，自己买机票回国。为防止证件、机票遗失，要事先留下证件、机票的复印件，如丢失，以便向驻外单位和航空公司申请补证或赔偿。

（3）财物安全

在外活动时，个人的钱款和其他贵重物品要随身带好，不要放在旅游车内；

坐飞机时不要将钱款和其他贵重物品、护照放在托运行李中。

入住酒店亦应随身携带或存入酒店的保险箱内，出门时，不要放在房间内。

在整个旅行中，请随身带好美国接待单位以及导游的手机、电话号码，以备需要时联系。

在美期间，要去很多城市，为了方便，最好不要带大行李箱，一个随手可以滑动的小箱，另加一两个软包就够用了。在美国，酒店内电话费非常昂贵，如需打电话，建议尽量用公用电话或电话卡。如在酒店内打电话，费用要自付。

为了健康及安全的原因，无论哪种出行或旅游的方式，都建议在出行前购买覆盖整个旅行时间的"国际旅行保险"，如在国内有分支机构的美国利宝保险公司（Liberty Insurance）的国际旅行保险。

饮食

美国有丰富的农产品和食品资源，食品质量高，价格合理。美国的饮食和服务产业就像这个国家一样，非常多样化，有许多层次。由于美国的工作节奏比较快，而且没有午休的习惯，所以午餐很简单，快餐成为美国生活和饮食的重要方式，如以麦当劳为代表的汉堡包餐厅、以肯德基为代表的炸鸡餐厅，此外还有出售匹萨、三明治和热狗的快餐店。在正规餐厅里就餐后要付15～20%的小费，而在快餐厅里就不必付小费了。并且可以开车进入订餐、取餐，一次完成，节省时间，效率高。

1. 特色快餐

（1）汉堡王

专卖汉堡，值得一提的是，Burger King的早餐中有个叫croissantwich的，味道非常可口。

汉堡王

（2）墨西哥餐

主料是墨西哥的玉米饼，配料有些辣，很多本地人爱吃。

（3）温迪快餐

专营汉堡，兼营非汉堡类的饮食，有一日三餐的服务。

墨西哥餐

（4）赛百味

可不要误以为是地铁站！其实它是专卖三明治的。以清洁著称，并按客人的要求现场加工，热气腾腾，味道也很好。

在美国的西部州，有一个汉堡快餐连锁店，In and Out Burger，肉饼厚而细嫩，非常受当地人的欢迎，被认为是"真正的西部汉堡"。

赛百味

2. 特色美食

（1）特大啃

这个词就是火鸡、鸭和鸡组成的，是具代表性的美国本土食物。制作时先是用一只火鸡，然后把一只鸭子塞在它肚子里，再往鸭子肚子里塞只鸡，最后往鸡里塞一些香肠和熏肉，经过2～3小时的油

特大啃

炸，这道非常美国化的美食，就这样完成了。有些美国人根据自己的口味还会加入一些溶化的奶酪制品和辅料。这道菜通常是在美国的一些盛大节日里才吃得到，像美国的国庆日（每年7月4日）、感恩节、圣诞节。

（2）布法罗辣鸡翅

布法罗辣鸡翅

将鸡翅放到油中炸至焦脆，沾着熔化了的blue cheese一起吃，其放在盘底的蔬菜，因吸收了鸡翅上掉下来的油，再普通的蔬菜也变美味了。这道菜既不油腻，又很有口感！

（3）科布沙拉

除全蔬菜的色拉外，美国人做色拉时，可以加肉类及牛油果和奶酪。一盘很好的科布色拉的原料主要有熏肉、炸鸡肉、牛油果、鸡蛋粒、蓝奶酪等各种觉得能放进去的都可以加入。

科布沙拉

（4）冰激凌

冰激凌

虽然曲奇饼干在美国人民的生活中颇受欢迎，但美国人依然总是设想能把这美味发展得更好。后来，有人把混好了的要做曲奇饼干的生面切成小块，搅拌在冰淇淋里，即成了Chocolate Chip Cookie Dough Ice Cream！美国有多种口味的冰激凌，可以根据自己的需要添加辅料，更具个性化。

旅游资讯

（5）阿拉斯加鳕鱼柳

特点：阿拉斯加深海鳕鱼，好味健康。

原料：深海鳕鱼。

制作：将已加工好鳕鱼放入锅内炸至色泽金黄，加调料即可。

阿拉斯加鳕鱼柳

（6）夏威夷沙拉

特点：夏威夷风情口味，清新爽口。

原料：夏威夷多种疏菜水果。

制作：夏威夷特产混合在一起，然后加入喜欢的沙拉汁。

夏威夷沙拉

（7）大龙虾

特点：美国人和中国人一样，也很喜欢吃龙虾，特色各有千秋。

原料：大龙虾（Lobster）

制作：制作方法多种多样，大多数以奶酪焗龙虾为主，这种吃法也是欧美人最喜欢的吃法。

大龙虾

（8）苹果派

特点：口味浓香好吃，人人会做，人人爱吃。

原料：苹果，面粉。

制作：苹果首先要拌成苹果泥，然后用面粉做成派皮，将苹果泥放入派皮，放入烤炉内烤即可。

派是美国最受欢迎的食品之一，除了苹果还有各种派，如蓝莓派，樱桃派等。

苹果派

 住宿

1. 酒店

美国的酒店档次不一，游客可以根据经济条件选择各类层次的酒店投宿。

（1）酒店的入住时间一般为下午14：00，退房时间为中午12：00以前，超时需要加收费用。

（2）酒店内一般不提供牙膏、牙刷、梳子、拖鞋、剃须刀等个人物品，请自备。如果确实忘记，可向酒店前台查询，部分酒店前台可以有偿提供。

（3）酒店冷水龙头的自来水可直接饮用，水龙头的热水不能直接饮用。

（4）酒店提供免费或收费电视。部分酒店也提供电视连接互联网的服务，观看收费闭路电视前或使用电视互联网前，先请查阅费用说明再作决定。

（5）酒店客房内的电话拨打外线均需收费，此费用比较昂贵，建议在当地购买电话卡使用。

（6）美国使用的是电压为110伏特60赫兹交流电，三眼插座也与中国不同，需使用转换插座，请在出行前自行准备。

（7）请注意保护酒店内的设备设施，酒店一般对设备设施损坏赔偿比较昂贵。

（8）大多数酒店房间内不可以吸烟，个别酒店已全面禁烟。需要吸烟者在入住前请要求吸烟房，或者问清在哪里可以吸烟。在非吸烟地区吸烟所造成的损失将由吸烟人全部承担。

（9）当地的酒店星级标准高于中国水平。如Holiday Inn，Radisson酒店在美国通常为3星标准，Hilton、Sheraton酒店通常被评为4星，Ramada Inn，Days Inn等通常评为2星以下。

（10）个人财务请注意安全。可以充分利用房间内的保险箱，除了每天给房间清洁工的小费外，离开房间时不要将个人钱财放于枕头下或者枕头内。清洁工会认为这是所支付的小费而拿走。

2. 旅馆与汽车旅馆

汽车旅馆(Motels)与旅馆(Hotels)并没本质不同，只是汽车旅馆通

旅游资讯

常设置于各主要道路旁，价钱上相对便宜，因此对开车旅行的人来说相当方便，在美国有些较高级的汽车旅馆还设有室外游泳池，游客可以免费使用。有些会在一些杂志或旅游宣传手册上提供折价券，有了这些折价券，一晚可能只需花费20美元的住宿费用。

汽车旅馆标志

3. 住宿与早餐的旅社

在过去十年以来，提供住宿与早餐的旅社(Bed & Breakfasts)已成为旅游者最欢迎的旅游住宿方式了。这种旅社双人房的价格从50到200元美金不等(当然包含了丰盛的早餐)，而价格会有差异的最主要因素在于是否在房里提供有卫浴设备。目

住宿与早餐的旅社

前B&B大多已经在房里置有私人卫浴设备。

4. 青年会馆

美国的青年会馆近年来增长很快。青年会馆住宿费较低，交通相对稍差一些。美国官方的青年会馆联盟(HI-AYH，Hostelling International-American Youth Hostels)在全美主要城镇及郊区设有超过150间的招待所，会员一晚只需付8～22美元的住宿费，非会员每晚也只需多付3美元即可，价格相当低廉。

YMCA/YWCA(即俗称的"Ys")也提供和青年旅社相似的住宿环境，价格12～20美元，是自助旅行者不错的选择。不过在旅游旺季时，要记得先预约。

青年会馆标识

交通

1. 航空

美国的航空业很发达，全国拥有大型航空公司50多家，目前全国有定期航线达28万千米，几乎所有的城市都有飞机航班相通，城市之间的

旧金山国际机场

飞机往来，就像地面的公共汽车一样频繁。

飞机场一般设在城市附近，通常的距离在8～65千米之间，旅客下了飞机之后，一般有几种交通工具可以从机场到市区。

2. 机场巴士

每个机场都有这种专为旅客接送的交通车。一般的路线是从机场到市中心或大的车站，中途停靠主要的饭店，也有直达游览景点的，这是旅客最为便利的交通方式，价格也适中，司机收小费。乘车点通常设在行李提取处

巴士

或机场出口，上车方便。服务台向乘客提供机场巴士询问服务。

3. 出租车

如是在深夜下飞机到达一个生疏的地方或有急事时，选择出租车是一种较为明智的方式，车费较高是肯定的，而且还可能受到某些不良司机的"宰杀"。美国出租车有两种计费方式：一是按表收费，塞车时另加；二是事先讲好价钱。无论何种收费方式，旅客切记要认明出租车辆是否正规，出租车司机收小费，一般为车费的10%。

美国各城市都有关于出租汽车的规章。总的说来，出租汽车在

街上慢速行驶时，只要向它打招呼，就会停下接客。出租汽车站通常设在交通终点站、商业大厦、大旅馆及办公大楼附近。打电话叫车要额外付费。

出租车

出租汽车按照计程表记录的时间、里程收取车费。有时出租汽车司机会分别接载两个或两个以上的乘客，每人按照所去地点分别付车费。如果几个人同乘一辆车到同一个地方去，每人分摊车费会便宜些。运大件行李时也要额外收费。此外还要付小费，约为车费的15%。

4. 公共汽车

许多美国城市公共汽车都统一票价，在0.5～1.6美元之间，同方向的路线还可以转乘，旅客可在下车时向司机索取转乘车票，就可转换到另一

公共汽车

辆车上。但是，由于公共汽车路线多而复杂，初到一个地方的游客往往难以掌握，当乘客带的物品较多时，有不让上车的可能。

5. 火车

和飞机相比，火车的缺点是慢；和长途汽车相比，它的缺点是贵，而且铁路网络覆盖面又不够，但坐火车比坐飞机和长途汽车都舒服得多。

现有的火车设施有餐车、瞭望车厢、电影放映间等，座位宽敞，旅客可以在车上自由散步或娱乐活动，治安状况也较让人放心。游客选择火车更主要的原因是旅途中可

火车

以饱览沿途的景色，观赏风土人情。另外，如果计划合适，选择晚上乘火车，第二天到达目的地，既可以赶时间，又可以节省一笔住宿费用。

6. 长途汽车

在美国旅行，如果旅途不太远，比如三五个小时的车程，也许坐长途汽车是最价廉物美的选择。但是如果路程超过了400～600千米，在决定坐车以前还是要慎重比较一下为好。400～600千米的路程，灰狗巴士开上十个小时甚至更长是很正常的，半夜三更换车也很正常，而同等距离，飞机不用一个小时就飞到了，且票价未必比汽车贵许多。

波士顿长途汽车站大厅

7. 灰狗巴士

提供城市间最频繁且完整的服务。从网络上，可以取得时刻表和票价，记得提早预购车票，除了确保车位，还可享有较低的票价。不过，在繁忙的夏季折扣较少。

8. 租车与开车

持有国际驾照即可在美开车，出国前向国际驾照科提出申请。

国际驾照的有效期为一年，但是在国外租车时最好连同国内驾照一同出示使用。美国公路时速限制有区域性的差异。如果计划长程开车旅行，可以加入美国汽车协会(American Automobile Association，AAA)，AAA提供紧急路况服务、地图和保险。在美国开车通常是一件相当享受的事，因为高速公路的路又直又宽，标志既清楚又明显。但是如果到了纽约或是洛杉矶等大城市，塞车几率非常的高，因此要尽量避开上下班时间。

美国各机场及饭店都有租车的柜台，租车时一定要记得保险，同时要注意一定年龄以下的儿童必须坐在特殊设计的汽车座椅上。

旅游资讯

 购物

在美国购物，会发现美国有许多环境优雅的超大型购物中心，它们不仅仅是购物场所，也成为美国的一种购物与休闲文化，可以说，美国的购物中心更像功能齐全的休闲地。这种商业模式目前已经在全世界范围内得到推广。

1. 超级市场

美国最为大众化的商店是超级市场，那里可以随意选择自己所需要的商品，然后到出口处计价。

2. 百货商店

百货商店比起超级市场更有气派，里面的商品价格也相对高一些。很多百货公司有送货服务，不过通常需要几天时间。

3. 杂货店

杂货店在美国非常普遍，有食品杂货店、药品杂货店等。药品杂货店出售医药用品，但也卖化妆品、胶卷、杂志、肥皂、纸巾、雪茄、玩具、女尼龙袜等与药物无关的杂货。药品杂货店还往往供应快餐，出售冰淇淋、饮料和小吃。杂货店的营业时间通常是从早9：00至21：00，星期日一般休息。但也有许多店铺24小时昼夜服务。

4. 折扣商店

美国的折扣商店通常设在房租低廉的地区。这里没有什么额外服务，但是商品价格要比其他地方低20～25%。折扣商店主要出售家用电器产品，顾客可以先从商品目录中选择商品，然后填表、付款，等服务员叫到名字时前去领取商品。

5. 商业中心

所谓商业中心是由数百家专业商店聚集在一起组成购物区，它是美国郊区生活的一大特色，特点是都设有供顾客使用的大型停车场。大型商业中心的商店通常是早上9时或10时开始营业，晚上9时关门。星期日的营业时间各地不同。有些受宗教影响较大的地区，禁止在星期日进行非必要的商业活动。

各地特色购物精选

1. 洛杉矶

（1）美国品牌之家

位于格伦代尔大道，是豪华美国名品品牌的集中地。

（2）贝弗利中心

除百货商场外，还云集了160多家的名品店，所销售的商品风格和品位各异。

贝弗利中心

（3）罗迪欧大道

位于贝弗利山庄，是洛杉矶市最高档、最精美的服饰商业街，这里聚集了大批世界闻名、最受公众欢迎的国际顶级大师的设计作品。阿玛尼（Giorgio Armani）、香奈儿（Chanel）、杜嘉班纳（Dolce 和 Gabbana）、巴特莉密赛卡（Badgley 和 Mischka）等都会在这里出现。

罗迪欧大道

罗迪欧大道大胆地采用了大量的华丽装潢，符合它"世界最繁华和昂贵购物大道"的地位。此外，罗迪欧第二大道和一些欧洲模式的小店，以及鹅卵石街道、喷泉和小酒馆等也为这里增添了华贵的魅力。在这里逛街、购物可免费停车两个小时。

（4）圣莫尼卡第三街

位于圣莫尼卡海滩的新建商业区，有新兴的购物中心、餐厅、影院等娱乐设施，在海滩散步后可以享受购物的快乐。

圣莫尼卡第三街

旅游资讯

（5）南海岸广场

被称作是"在平面上的纽约第五大道"，因为这里有第五大道所有的百货商场品牌、名品店、餐厅、酒庄，是一站式购物的好去处。

南海岸广场

（6）塞塔德尔奥特莱斯

位于洛杉矶市中心的品牌工厂直销店，在这里购物能享受到1～7折的价格优惠。

（7）格罗夫购物中心

是一个户外广场，其中的欧式建筑以及铺满砖瓦的街道让人仿佛置身

塞塔德尔奥特莱斯

于欧洲小镇，游客可以了解到最新的潮流，并可享受超低折扣。

📞 323-9008080

🌐 189 The Grove Drive, Los Angeles

2. 旧金山

在旧金山购物是一件非常有个性的活动，在这里可以买到里维斯的牛仔裤、旧金山风格的帽子、经过海水冲刷的奇石。旧金山的唐人街是一个可以买到任何中国产品的特色购物街，从食品到麻将牌。

（1）韦斯特菲尔德中心

在中心的周边有一条名为"市场大街"的街道，在这条街道上有50多个零售店和餐厅，一张卡可在这几十家商店里使用，并可享受折扣。这里的商品非常多样化，甚至可以买到来自中国的手工剪纸。

韦斯特菲尔德中心

（2）联合广场

在美国南北战争时期，曾经是一系列有关"联邦统一会议"的地点，所以被取名为"联合广场"，是旧金山的交通中心。广场中心有著名的梅西百货、萨克斯百货商场、露天的

联合广场

咖啡厅和休闲餐厅，常举行画展、跳蚤市场等活动。

🌐 Post. Street, San Francisco

（3）栗树街

是一条非常有个性的购物大街，街上有许多特色的艺术品、古董商店、小餐厅和咖啡馆。是和朋友相聚的理想去处。

3. 纽约

（1）纽约第五大道精品街

美国纽约第五大道是世界级的精品购物街，从34街直到60街均是。在这条街上可以找到世界所有的顶级品牌，拥有众多奢侈品的旗舰店。如五大道萨克斯百货公司、洛德泰勒百货公司和巴尼斯纽约精品店。

纽约第五大道

（2）洛德泰勒百货公司

1826年开业，是第五大道的一间老牌百货公司，它的装修充满古典色彩，以其奢华的橱窗设计而见称，吸引了不少纽约顾客在窗外流连。这里出售各式各样的商品，包括各种女性服饰和用品，大减价的时候，正是纽约女性在这里疯狂抢购的时间。

洛德泰勒百货公司

旅游资讯

（3）巴尼斯纽约精品店

提供纽约最流行的商品，包括化妆品、服饰、休闲服装、童装、工艺品等产品，全部都是顶级品牌。除了商品外，它的装修也值得欣赏，各种商品的摆放错落有致，让人觉得仿佛走进了艺术家的工作室，精品店的橱窗每年都有一个主题，让漫步于商场的顾客看到本年度的潮流走向。

巴尼斯纽约精品店

（4）时报广场

位于百老汇大道与第七大道交界处，是纽约繁华的象征，这里不但有百老汇剧院和各式广告牌，而且还有许多首饰店。首饰店主要的消费者是年轻人，所提供的水晶、仿钻、银饰等产品虽然不是昂贵的高档产品，但设计新颖，款式时尚。

时报广场

（5）梅西百货

是纽约的老牌高档百货公司，1924年开业时曾被誉为世界上最大的商店，在世界上具有较高的知名度，是顾客与游客聚集的地方。梅西百货主要经营服装、鞋帽和饰物，以优质的服务赢得赞誉。梅西百货非常注重企业形象，在梅西百货中出售的商品都印上了梅西百货的商标，如果顾客不满意，可以进行退款或者更换。

梅西百货

（6）法拉盛唐人街

是纽约三大唐人街之一，聚集着来自中国各地的华人，也有各种中国商品出售。主要购物场所是超级市场，大多是由温州人开设，无论用英语还是用普通话都能与店员沟通。在这里能够买到中国各地的特产，包括膏蟹、酱菜、米粉、水果等等，是当地华人购买日常用品的热点，如果顾客正好是老板同乡，更会受到热情欢迎。

（7）索霍区和诺利塔区

索霍区曾是纽约的老工业区，随着制造业的衰退，这里遗留下许多厂房和仓库，而由于这里的租金便宜，因此有不少艺术家在这里居住，形成了一个有名的艺术区。现在索霍区已经成为了世界顶尖精品店的抢滩之地，竞争异常激烈，比起第五大道，索霍区更多了一份艺术气氛，令游客络绎不绝。

诺利塔区位于索霍区旁边，以意大利居民区著称。这里有不少精品小店，零星散布着各种小牌设计师的店铺，虽然门面较小，但是产品却充满创意，经常会给人意外惊喜。

索霍区和诺利塔区

（8）布明戴尔斯商店

位于索霍区，是梅西百货旗下的连锁商店，其规模与梅西百货差不多。它与梅西百货相比，所售商品的风格既年轻又实用，在潮流与典雅中取得平衡，它是许多电视剧和电影的取景热点，细心的影迷一定会在许多电影中找到该商场的场景。

（9）诺德斯特龙时尚店

1901年创立于西雅图，现在纽约也开设了商店，该商店原本是鞋类的专业零售商店，后来收购了贝斯特服装店，随后又开始经营男装和童装，转型成现在的百货商店，已成为了美国一家具有重要影响力的连锁服装专门店，提供各大品牌的服装、鞋类、首饰、化妆品等产品。

诺德斯特龙时尚店

（10）肉品加工区

原来是纽约的屠场，现在摇身一变，居然成为了明星和模特儿拍

广告的热点，从而建立了
许多潮流名店，出售各种
新奇有趣的商品，成为潮
流人士的最爱之一。肉品
加工区位置僻静，远离人
烟，因此逛起来更加自
在。由于区域本身与猪有
关，因此有不少店铺都摆
出与猪有关的装饰品吸引
顾客，成为这里的一大特色。

肉品加工区

（11）伍德伯里第一工厂直销店

是世界上最大的奥特
莱斯之一，有超过8万平
方米的空间，有200多个
品牌店铺。商场采用颜色
来划分区域，并有免费地
图索取。

伍德伯里第一工厂直销店

（12）格贝斯工厂直销店

其商品一般来自高档百货商场的剩余产品，包括手袋、鞋类、服
饰、太阳眼镜、泳衣、男士和女士产品等。这里的价格优惠，其折扣
优惠一般高达50%至80%。顾客如果想获得最新的商品信息，可以订
阅他们的邮件。

（13）二十一世纪折扣店

是一家名牌折扣店，
Gucci、Prada、Belly等
名牌产品在这里经常以3
折至5折的价格出售，价
格之低实在令人难以置
信，但一般都是各名牌的
过时产品，适合名牌的拥
护者。

二十一世纪折扣店

（14）地狱厨房跳蚤市场

纽约的"地狱厨房"原来是个黑帮云集的地区，这个名字来自纽约时报对当地的一篇报导。现在地狱厨房经过整顿，成为了一个著名的景点，而地狱厨房跳蚤市场则是一个非常受欢迎的二手市场，出售商品种类繁多，有时装、家具、装饰品、古董等，可以与店主讲价，如果游客自己识货，或许能找到什么宝贝。

4. 费城

（1）富兰克林购物中心

距离费城市中心24千米，红、黄、绿、蓝色把该购物中心区分成四大区域，每一区域都有和入口一致的颜色作为标志，共有6个主要出入口，分别用不同的饰物作为标记。中心内有200多家店，2个大型食品区，17家各具特色的美食。

富兰克林购物中心

（2）费城第一工厂直销店

距离费城市中心56千米，是一家室外购物中心。购物中心被划分得十分规整，商店都整齐地排列在步行区的两侧，共有两行。步行区非常宽敞，有四辆家用旅行车并排停放的宽度，

费城第一工厂直销店

每隔几十米就会有供行人休息的长椅。

（3）大西洋城步行街的直销店

距离费城100千米外，除了赌场、沙滩和林立的餐馆，其实那里的直销店也很不错。大西洋城的The Walk Mall如今是越来越吸引人了，零售店已增加到100多家。

（4）赫希工厂直销店

距离费城市中心约144千米，约有60家品牌店。这家商场实在是远，如果不是到Hershey观光，恐怕费城市中心的人们不大会有兴趣跑那么远购物。

赫希工厂直销店

5. 盐湖城

盐湖城被世人看做是滑雪的天堂，也是户外运动中心，每年在这里举办世界户外运动器材和产品展。也有常年的户外运动商城。

南城中心

（1）南城中心

集中了有名的百货商场、美食城、专业健身房，集购物与健身为一体。

（2）户外门户商城

专业的户外运动器材和商品中心，有125个专业商店、23家餐厅。

（3）城溪购物中心

位于盐湖城的市中心，购物环境良好，房顶的玻璃窗是可以打开的。中心内有100多家商店，既有名品店，也有便利店，是家庭理想的购物场所。

（4）盐湖城机场

到盐湖城旅游的人们会看到这个盐湖城机场本身就是一个购物中心，机场的所有空间都被利用，有各式各样的商铺，可以买到用盐湖的盐制成的个人卫生产品，非常有特色。

盐湖城机场内

6. 丹佛

（1）樱桃溪购物区

距丹佛市中心只有5分钟的路程，这是丹佛最集中的购物和餐饮地区。这里有320家独立的商店、餐厅、画廊和水疗中心，既有本地的特色店，也有大品牌的名品商店。

（2）丹佛时装街

丹佛市中心的第16街就是丹佛时装街，是时装、服装及饰品最集中的大街，美国时装的各种品牌在这里都可以找到。

丹佛第16街上的时装店

（3）贝尔玛购物区

距市中心只有10分钟的路程，并且有专门的免费通勤车为游人服务。购物区有70多家特色商店，每个节日都有打折和特价活动。

（4）第十六街购物区

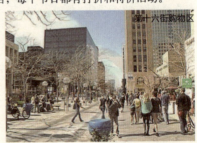

第十六街购物区

在市中心的第十六街，这个街区都是连锁店和新奇的商铺，是购物的理想场所。

（5）艺术和画廊区

位于丹佛市中心，有多家专业的艺术品、画廊、博物馆纪念品商店；既有本地艺术家的作品，也有美国知名艺术家的作品、照片、纪念品商店。是欣赏艺术、收藏作品和购买礼品的好去处。

7. 芝加哥

芝加哥是美国第三大城市，也是世界游客购物的热点城市。

（1）"州街"购物街

自从二十世纪初，州街已经成为重要的商业街，如今这条街已是世界出名的购物街区。这里有多个像梅西、西尔斯的百货商店，也有大品牌的时装专营店。每逢节日这里更是人头攒动。

"州街"购物街

（2）韦斯特菲尔德兰花城

这里集成了时尚与购物，是时尚服装新品上市的集中地，是新品时装流行的风向标，被称为"韦斯特菲尔德"风格。此外，还聚集了美国各大品牌的百货商场和品牌店，还有各类餐厅和咖啡店。是购物和品尝美食的好去处。

韦斯特菲尔德兰花城

（3）水塔商城

位于密歇根大街，商城内汇集了服装店和多个百货商店。

水塔商城

（4）爱玛特

这座美国最大的商业建筑跨了两个街区，于1930年开始营业。每年这里有16个交易会和300多万的游客。

（5）耐克城

这是耐克的专营店，价格比欧特莱斯贵，但款式和号码齐全，是发烧友们的好去处。

（6）波音店

是波音公司飞机纪念品的专营店，也有独具风格的服装和礼品。

（7）九百店

位于密歇根北大街900号，是综合购物中心。

（8）伍德费尔德购物中心

是芝加哥地区最大的购物
商场，美国第五大购物中心，
零售空间达到24.84万平方米，
1971年开业，是芝加哥西北部
地区最重要的购物中心之一。

📧 847-3301537

🌐 5 Woodfield Mall,
Schaumburg

伍德费尔德购物中心

8. 菲尼克斯

（1）亚利桑那中心

位于菲尼克斯中心地带，
靠近赫尔伯格剧院和会议中
心，是一座两层楼的开放式
建筑，有一座电影中心、运
动吧，以及大约40家商店和
餐馆。

亚利桑那中心

（2）斯科茨代尔时尚广场

云集了众多一线品牌的服装、饰品、化妆品和户外运动专营店。
也有现代化的餐厅、影院等娱乐场所。

斯科茨代尔时尚广场

旅游资讯

9. 达拉斯

达拉斯号称购物天堂，据说是人均shopping mall最多的地方。从家居装饰到美容护肤，从时尚流行到美食，购物狂们不会失望。

（1）伽利略购物广场

各式商品，包括Macy's、Marshall Field's、Saks Fifth Avenue和Nordstrom，还有世界名牌Tiffany & Co和Gianni Versace等。

（2）高地公园村

从一般的Gap、Banana Republic，到世界知名的Calvin Klein、Chanel、Cole Haan、Escada、Hermes都有。

（3）北园中心

包括了Neiman Marcus、Dillard's、Lord & Taylor和JC Penney等百货，及Montblanc、Joan and David、J.Crew和Banana Republic等名店，另外，还有在达拉斯其他地方找不到的店，像是Bally、Guess、FAO Schwarz、Kenneth Cole、Timberland和Oilily。

10. 休斯敦

（1）莱斯村

紧邻莱斯大学和博物馆区，是休斯敦这座城市历史最悠久且最受人们喜爱的购物区之一。休斯敦当地人很喜欢这里，因为这里不论是商品的种类、品质，还是购物环境都算得上是购物区中的佼佼者。

（2）伽利略购物中心

位于休斯敦的上城，距离下城和中国城大约10～15分钟车程。是休斯敦档次最高的购物中心，得克萨斯州第1大，全美第7大购物中心，拥有375家商店，包括多家世界级的名牌店，如LV、Gucci、Armani、Tiffany、Versace、Coach、Apple等。

伽利略购物中心

（3）凯蒂米斯购物中心

在休斯敦市中心以西约40千米处，该购物中心占地面积约12万平方米，是一个集零售和娱乐为一体的大型市场，这里的商品以独特和价廉出名。

（4）休斯敦风雨商业街廊

是休斯敦最大、最热闹的购物大卖场。这个购物商业街规模巨大，店面档次高。

休斯敦风雨商业街廊

小贴士

黑色星期五

在美国购物经常遇到打折的机会，这些打折活动可能是地区的、品牌的或节日性质的。但有一个日子是全美所有商店和品牌都打折的日子，也就是人们常说的黑色星期五。

黑色星期五是感恩节（每年11月的第四个星期四）的第二天，这一天全部商店都打折，尤其是大型超市，如沃尔玛、大型婚纱摄影等。从这一天起就标志着感恩节、圣诞节和新年购物高峰的到来。

这天不是美国的联邦节日，但有17个州把这一天作为公共假日。许多人在这天请假去购物，甚至有人在头一天晚上就去商店排队等候，等候的原因是商家会从所有打折的商品当中拿出一部分商品打更大的折扣。

星期五的购买者

黑色星期五琳琅满目的商品

星期五商场里拥挤的人群

BLACK FRIDAY SALE

327

作者建议

1. 到美国须知

美国是世界最大的经济体，最发达的国家，也是崇尚"自由"和"民主"的国度。到美国旅游是一件赏心悦目的事情，也是身心放松的机会。由于我们与美国的环境和文化都有很大差异，特别建议在出行中留意以下几个容易被忽略的细节。

（1）入境和海关

美国可以入境的口岸比较多，规则都是一样的，繁简有差异。

由于语言的差异，入境（移民局）时一定要将相关的文件准备好，如邀请函、邀请人的相关资料、日程安排、酒店的预订单等。特别是当我们的目的地和入境港不是一个地方时，用英语又无法表述准确，用事先准备好的文件既可以节省许多时间又避免了和移民官在沟通上的障碍。

美国海关的管理日趋严格，行李都要扫描。鲜活的动植物都是严格禁止入境的，肉制品也禁止入境，特别要注意我们爱吃的牛肉干和月饼（带馅）也不可以入境。

（2）现金的申报

美国对现金的管理很严格，一万美元以上的现金是必须申报的。

（3）药品

自用的药品可以带，但最好有英文的说明书，如没有特别的原因，尽量不要带液态的药品。

（4）使用好信用卡

美国是一个透支消费的国家，信用卡是美国生活不可或缺的结算手段。出行前准备好可以在美国使用的信用卡，既可以免除带现金的麻烦，提高了旅行的安全性，又可以随时方便地处理结算。

信用卡在美国使用是不需要密码的，请一定要保管好。有的购物场所在使用信用卡时需要出示护照，所以在使用信用卡时要随身带好护照。特别要说明的是，有的消费结算只能用信用卡不能用现金，如酒店入住时的预授权和租车服务。

现在美国的一些消费场所，如购物中心有中国银联系统的，在结算时会提示："是否用银联结算"，如果需要只要在刷卡机上点"是"（Yes）就好了。

（5）小费

无论是餐厅还是出租车服务的小费，都可以加在信用卡的账单上，但切记要自己把总额填好。

（6）治安和警察

美国是个大国，各地区治安的差别很大。美国也是民间枪支最多的国度。保护好个人的安全对每个游客都是重要的。在美国旅行也会经常遇到带枪的警察，如遇到安全问题也可以求助。在警察主动和你接触时，不要紧张，也不要跑，最重要的是能让警察看到你的双手，这样就不会怀疑你有武器。

（7）驾驶汽车

随着旅游项目的变化和旅游区域的扩大，自由行和自驾游已经成为许多游人喜爱的方式。在美国开车的规则与我国大同小异，但有几点要注意：①各州的限速是不同的，一定要注意路上的限速信息，不要超速行驶；②许多交叉口没有红绿灯，一定要注意路牌，如看到红色的"停"（Stop），即使没有其他任何车辆，也一定要完全停住。这里是按先到先行的规则行车，不要抢行先到的车；③在多条道路并入高速公路时，绿灯时间很短，一次绿灯只能过一辆车，不能前方车过了，也跟着过；④美国的一些州为了节省资源，在一些高速公路开设了多人一车（两人以上）的快车道（Car Pool）以避免堵车，但一定要两人以上在一辆车中，并且要从入口进入（非黄线），否则罚款是非常重的。

（8）健康管理

随着赴美旅游人群的增加和旅行方式的变化，出现不如人意的情况也是不可避免的。医保在美国是个社会问题，也是政治问题，虽然美国的医院不可以拒绝紧急情况的救助，但不能故意利用这个制度。根本的还是要用规范的国际旅行保险条例规避可能出现的风险和进行紧急情况处置。另外，高度的卫生和环境意识，良好的行为习惯也是旅行愉快的重要保证。

（9）吸烟的注意事项

吸烟在美国被认为是一种不健康的行为，是对周边人群的危害。因此吸烟一定要看清楚当地的规定，比如在有吸烟标志的地方才能吸烟，或按照"距离此建筑20英尺以外可以吸烟"等提示语，在规定的地方吸烟就可以避免非议，当然，最好是不吸或尽量少吸。

（10）尊重隐私和个性

大家都知道，在西方女性年龄和他人收入是不宜询问的。在美国还有一些敏感的问题被认为是个人的选择，不需要别人知道，这就是信仰和选举。如果人家不想谈及这个话题，就没有必要去追问和辩论。

美国很大，很个性化。比如各州有自己的州石，而不需要一个统一的国石；各地有各自的特点，不需要讨论哪个最好，最权威，最具代表性等。费城有蓝莓节，俄勒冈有莎士比亚戏剧节，迈阿密有海滩艺术节，这些只表明了自己的特点，并不涉及他地。个性化和由此带来的文化习惯值得游客尊重。

2. 中国驻美国使、领馆联系方式

您在美国遇到紧急情况时，除拨打美国911电话外，还可以与中国驻美国大使馆或总领事馆取得联系，以下是中国驻美国使领馆的有关信息：

（1）中国驻美国大使馆

2300 Connecticut Avenue, NW Washington, DC：20008

1−202−3282500

1−202−5880046

（2）中国驻纽约总领馆

520 12th Av.New York, NY：10036

1−212−2449456

1−212−5649389

（3）中国驻芝加哥总领馆

100 West Erie Street, Chicago, IL：60610

1−312−8030095

1−312−8030110

（4）中国驻休斯敦总领馆

3417 Montrose Boulevard, Houston TX：77006

1−713−5201462

1−713−5213064

（5）中国驻旧金山总领馆

1450 Laguna Street, San Francisco, CA：94115

1−415−6091789

1−415−5630494

（6）中国驻洛杉矶总领馆

443 Shatto Palace, Los Angeles, CA：90020

1−213−8078008

1−213−8078091

图书在版编目（CIP）数据

美国 /《中国公民出游宝典》编委会编著. —北京：测绘
出版社，2014.5

（中国公民出游宝典）

ISBN 978-7-5030-3394-0

Ⅰ.①美… Ⅱ.①中… Ⅲ.①旅游指南 – 美国

Ⅳ.①K971.29

中国版本图书馆CIP数据核字（2014）第035984号

人文地理作者：江承宗　石武

策　　划：赵　强

责任编辑：赵　强

执行编辑：刘淑英

地图编辑：刘淑英

责任印制：陈　超

出版发行	测绘出版社	电　话	010-83543956（发行部）	
地　址	北京市西城区三里河路50号		010-68531609（门市部）	
邮政编码	100045		010-68531363（编辑部）	
电子信箱	smp@sinomaps.com	网　址	www.chinasmp.com	
印　刷	北京新华印刷有限公司	经　销	新华书店	
成品规格	125mm×210mm	印　张	11.25	
字　数	249千字	版　次	2014年5月第1版	
印　次	2014年5月第1次印刷	定　价	46.00元	
书　号	ISBN 978-7-5030-3394-0/K·440			
审图号	GS（2014）146号			

本书如有印装质量问题，请与我社门市部联系调换。